世界NO.1カリスマコーチ
アンソニー・ロビンズの

自分を磨く

Awaken the Giant Within

アンソニー・ロビンズ
本田 健
訳・解説

三笠書房

訳者のことば

●絶え間なく「終わることのない成長」を約束する

日本の地でも大反響を巻き起こした世界的カリスマコーチの代表作

本田 健

今よりもっと、素晴らしい人生を生きたい、成功と充足感に満ちあふれた毎日を送りたい、人とのいい関係を築きたい、お金の心配をしないで暮らしたい、もっとスリムで健康になりたい、そして、もっと情熱的に生きてみたい——。

そんな願いを持つすべての人にとって、この本が**「特別な一冊」**となることを私は確信しています。

本書は、世界的なカリスマコーチ、アンソニー・ロビンズが「人生で本当に望むもの」を手にするための心構え、ものの考え方を余すところなく教えてくれる一冊です。

信念の磨き方から、人生の優先順位のつけ方、感情に振り回されない方法、お金、時間、健康に恵まれ、豊かなパートナーシップを築く方法など、**幸せと成功に必要なすべての〝エッセンス〟が詰まった、まさに珠玉のような本**です。

さて、二〇一四年四月、待望の初来日を果たしたロビンズは、幕張メッセで「あなたの人生にブレークスルーを起こす（*THE ULTIMATE ADVANTAGE*）」セミナーを開催しました。当日は多くの熱心なファンがつめかけ、六千人の参加者の熱気に会場は包まれました。

彼のセミナーの後、主催者のラーニングエッジ代表、清水康一朗さんのはからいで、本人と言葉を交わす機会を得ました。

「トニー（アンソニー・ロビンズの愛称です）は、とても気さくでフレンドリーな人物」だと、彼に近しい人や関係者から聞いていましたが、ものものしい警備態勢の中でも、彼の素顔はその通りでした。

私が彼の本（『一瞬で自分を変える法』『アンソニー・ロビンズの運命を動かす』いずれも三笠書房刊）を日本語に翻訳し、ベストセラーになっていること、また、私自身が二十六歳の時にアメリカの空港で原書、*AWAKEN THE GIANT WITHIN*を偶然手にして以来、何度も愛読しており、人生が大きく変わる「きっかけ」をもらったことを伝えると、非常に喜んでくれました。

「それは、本当にうれしい。パートナーとして、一緒に私のワークを広げてくれて、ありがとう！」

と言って、力強い握手をした後、ガバッとハグしてくれました。

彼は背が高く、見るからに迫力のある外見なのですが、いろいろな意味で〝大きな人物〟であることを実感しました。

クリントン元大統領は、会う人すべてを「まるで自分が世界で最も大事な人物として扱われたような気分」にさせると聞いたことがありますが、ロビンズも、全く同じです。一対一で話をしていると、それだけで「自分は重要な人間、価値のある存在だ」と感じさせる何かがあるのです。

人間的な温かさにあふれ、「あなたは、あなたのままで素晴らしい」と受け入れてくれる「器の大きさ」に圧倒されました。セミナー後のあわただしいシチュエーションでなければ、話はとどまることがなかったでしょう。

どこまで自分の限界を広げられるか

ロビンズは「世界ナンバーワン・コーチ」として、その名を轟《とどろ》かせていますが、同時にそれは、「重荷を背負うこと」でもあります。また、複数のボディガードに囲まれて動かざるを得ないということは、「身の危険」を感じる場合もあるということです。

それでもなお、多くの人の人生に「影響を与える」ために、成功者となった今でも情熱的に世界各地を飛び回っています。日本でのセミナーの後には、すぐに中国の上海に飛び立っていきました。

本当にアクティブな人で、本書にも、彼が初めてレーシングカーに乗ったエピソード、空手にチャレンジした逸話が出てきますが、とにかく、活動する、行動する。そして、新しい挑戦に前向きです。

自分も行動するし、人を行動させてしまう——まさにエネルギーの塊《かたまり》のような人と言えるでしょう。

また、本文にも出てきますが、彼は恵まれない人たちに手を差し伸べる「アンソニー・ロビンズ財団」を設立し、社会奉仕活動も熱心に行なっています。

ある人に聞きましたが、収入の多くをその財団に寄付し、本人の生活はいたって質素そのもののとのこと。

いろいろな意味で、**世界で本当にオンリーワンな存在**なのです。

「まだ知らない自分」を呼び覚まされる感覚

私はこれまで、この本の原書を二十六歳で初めて手に取って以来、五回は買い直しています。なぜなら、読むたびにアンダーラインを引いたり、ページの端を折り曲げたりで、ボロボロになってしまうから。繰り返し読み込み、今も、そのうちの二冊が八ヶ岳の研修センターと都内のオフィスの書棚の定位置に収まっています。まさに、**人生の節目には必ずページを開いてきました。**

先日、改めてこの原書を開くと、当時、自分が本を読んで受けた衝撃がよみがえってきました。

「こんなふうに、人を勇気づけることができたら、何て素晴らしい人生だろう」

「こういうセミナーができたら、楽しいよな」

と、新鮮な驚き、高揚感が自然に湧き上がってきます。

二十年前にこの本に出会って以降、私の中で、「まだ知らない自分」を呼び覚ます感覚が生まれました。その出会いから八年後、「作家としての自分」というヴィジョンを受け取ったのです。

そうした意味で、今の作家としての本田健は、アンソニー・ロビンズの本によって呼び覚まされたと言ってもいいでしょう。

「本当のコミットメント」とは、どういうことか

私自身もセミナーを通じてたくさんの人に「幸せな生き方」を伝えるライフワークを存分に続けていきたいし、人のことをインスパイア（鼓舞）したい。けれども、ロビンズの姿を目の当たりにして、自分の身に危険が及ぶほど（ボディガードが必要なほど）までやりたいかどうか、自分自身と向き合っているところです。

今やロビンズは講演家としてだけでなく、自らが経営する会社を上場させるなど、経済的な面では十分に恵まれています。自分の身の安全まで考えるのであれば、セミナーは、やらないほうがいいはずです。それでも、今も人を勇気づけるために足を止めることはありません。

彼は、制約のある生き方を強いられる中でも、自分の使命を果たしています。

本当のコミットメントとは、どういうものか――私が彼から受け取ったメッセージです。

私自身、これから英語で本を書くなど、世界的に活動の場を広げていきたいと考えていますが、彼の生きざまを見ていると、

「やろうと思って、できないことはない」

と強く勇気づけられます。何だか自分の中の「サボっている」感じ、「できるのに、やっていない」ことをズバリ見透かされたような思いすらあるのです。

この本を手に取ったあなたはどうでしょうか。自分の情熱を燃やして、自分の気持ちに正直に、どこまで自分の可能性に賭けていくか。

ロビンズは「絶えず、人生の質を高め、成長していくこと」を、本書で繰り返し強調しています。あなたの人生が、今よりもっと楽しく、素晴らしく、情熱的なエネルギーで満たされるよう、この本を存分に活用してください。

◎もくじ

訳者のことば――本田 健 1
●絶え間なく「終わることのない成長」を約束する
日本の地でも大反響を巻き起こした
世界的カリスマコーチの代表作

1章 「信念」が人生を切り拓く

――「望むまま」に生きるために一番大切なこと

自分の「人生の基準」を自覚しているか 18
うまくいくと「確信」して、ことに当たる 24
「現実的」すぎる人生はつまらない 28

こんな態度は〝微量のヒ素〟を飲み続けるようなもの　31
私は日本式「カイゼン」で人生を再構築した　36
「書き出す」ことで〝ゴミ思考〟を仕分ける　39

2章

「本当にほしいもの」に心を集中させる

――「気持ちが沸き立つこと」だけ考えればいい

「天国と地獄の往復」のような人生　44
自分は〝本当のところ〟何を望んでいるのか　47
「感情」は〝身体の動き〟に連動している　52
一瞬で気分を変えるシンプルな方法　56
「うれしくて有頂天」になることを心に思い描く　61
「こうあってほしくない」ことに気を取られない　64
問答無用で「意識のギアチェンジ」をする法　68
「自分で自分を」気持ちよくさせるには　74

3章 人生の〝主導権〟を手放すな

――自分の運命を見えないところで操る「5つの鍵」とは？

人の行動の「裏」に隠されている〝秘密の設計図〟　78
人間を突き動かす「5つのこと」　83
①精神状態――〝切羽詰まった時〟に正しい判断などできない　83
②自分への「質問」――「今、起きていること」の意味を探る　84
③価値観――「快感」と「苦痛」の〝力関係〟を理解する　85
④信念――「自分が人生に何を期待すべきか」がわかる　86
⑤参照データ――これまでの「経験値」の集積　87
「結果」を変えたいなら〝原因〟に意識を向ける　89
この〝刺激的な4つの質問〟にどう答えるか？　92

4章

自分の「羅針盤」のつくり方

――「優先順位」がはっきりすれば、迷わない・動じない！

「価値観」が人生すべての決断を左右する　100
「最高の理想」を追うのに遠慮はいらない　103
「人生で大切なこと」を10個、大切な順番に並べてみる　107
何を優先させれば「幸せ」を実感できるのか　111
「心の痛み」を経験した時、人は多くを学ぶ　116
「価値観の対立」を放置しない　124
「人生で大切にしたいこと」リストのつくり方　127
これが私の人生に〝強烈なインパクト〟を与えた決断　132
あとは〝雄牛の角を素手でつかむ勇気〟を持てるか否か　140

5章

「感情」に振り回されない

——不安、心配、みじめな気分は一瞬で克服できる!

「気分をよくする」一番いい方法 148
自分の中にいる「判事」と「陪審員」 152
「快感」につながる神経回路を増やすには 156
「勝っている」のに「負けそう」と感じてしまう心理 159
何が自分の〝感情の引き金〟となっているか 164
こんな「ルール」が自分のやる気に水を差す 168
「苦痛」を遠ざけ「快感」にアクセスするには 173
「腹が立つ」のは誰かのせいではない 179
人生のフラストレーションを増大させないために 184
人間関係に「これでいいだろう」の慢心は禁物 189
「ねばならない」と「べきだ」の違い 193
「望む結果」を確実に手にするために 197

いつでも自力で人生を改善できる「4つの質問」 200

6章 人生の「骨組み」を強固にする法
――「経験値」をプラスに生かす人、生かせない人

「経験値」は、あなたの最大の武器 206
自分の人生を望み通りにデザインする秘訣 210
バックミラーを見ながら過去に向かって進むな 215
読書は心を〝豊かな宝物〟で満たしてくれる 218
どんな経験にも「価値」がある 220
もし人生を大きく発展させたいなら―― 229
人生の「引き出し」は多いほどいい 232
「今のあなた」に必要な〝新しい経験〟とは何か 235

7章 自分の可能性を〝無限に〟広げるために
――夢、成功、自由、豊かさ……望むものはすべて手に入る！

あなたの人生の「核」となるもの 242
その〝愚かな習慣〟をいつまで続けるのか 248
人生が〝混乱〟する理由 252
もし自分の名前を「人名辞典」にのせるなら―― 256
「限界」は自分の心の中にしかない 259
自分をつくり変える4つのステップ 264
自分の「魂」に恥じない生き方を！ 269
「こんな人になりたい」――その人物に〝なりきってみる〟 272

8章

あなたの人生を変える奇跡の7日間

——たった1週間のチャレンジで、すべてが見違える!

1日目　運命を支配する「感情」を味方につける　276
2日目　自分の「肉体」を喜びの王宮につくり変える　278
3日目　「パートナーシップ」の質を高める　292
4日目　「豊かさ」を手にする　300
5日目　自分にふさわしい「行動規範」を持つ　327
6日目　「時間」をうまく使いこなす　337
7日目　よく休み、よく遊べ!　344

9章 自分が変われば「世界」も変わる
――人生にブレイクスルーを起こす「究極のチャレンジ」

「無力感」に人生を乗っ取られるな　346
「行動」だけが世界を変える　349
人はどんな「境遇」からも立ち上がれる　355
「エゴ」を優先させるか、「未来」を優先させるか　361
自分の「背中」で子どもを教育する　366
社会奉仕は「恩返し」のチャンス　370
〝錆《さ》びつく人生〟より「燃え尽きる人生」を！　375

訳者あとがき
●あなたは、この本のどこにアンダーラインを引いたか――
あとは〈行動〉と〈実践〉あるのみです　380

1章

「信念」が人生を切り拓く

——「望むまま」に生きるために一番大切なこと

Awaken the Giant Within

自分の「人生の基準」を自覚しているか

人生を決めるのは、周囲の環境でも、過去に経験した出来事でもない。
人生で遭遇した様々な出来事をどう解釈し、どんな意味を持たせるか——それが、今日の、そして、未来の自分の姿を決めていく。

楽しく社会に貢献できる人生を送るか、惨めで殺伐とした人生を送るかを決めるのも、英雄になれるか、「静かなる絶望の人生」を送るかを決めるのも、その人の**「信念」**なのだ。

「信念」とは、自分の人生において、どんなことが「苦痛」を引き起こし、何が「快感」をもたらすかを判断するためにある。何かことが起こると、脳は自動的に二つの質問をする。

①これは「苦痛」なのか、それとも「快感」なのか

②「苦痛」を避けるにはどうすればいいか。「快感」を得るにはどうすればいいか

この二つの質問に答えを出す時の基準になるのが「信念」なのだ。そして信念は、どういう経験が苦痛、あるいは快感をもたらすかを「一般化」している。

そのおかげで、私たちはいちいち深く考えずとも日常生活が送れている。たとえば、初めて見るドアでも、過去の経験から「ドアノブを回して、押すか引く」かすれば「確実にドアを開けられる」と知っている。

“肯定的な意味”を見出す力

ところが、この一般化のために、自分の可能性を制限してしまうことがある。たとえば「やり始めたけれど、途中で投げ出した経験」がこれまでに何度かあれば、「どうせ自分には能力がない」「何をやってもダメだ」と信じ込んでしまう。

一度そういう信念ができあがると、未来の行動をも支配していくことになる。「どうせ途中で投げ出すに決まっているなら、やらないほうがましだ」と考えるようになるのだ。

学校で、「自分は他の子より、理解するのが遅いな」と気づいた生徒の多くは、「自分は何かを覚えるのに、時間がちょっと多めに必要」

とは考えずに、

「自分は勉強に向いていない」

と決め込んでしまう。ある意味では、人種差別もこの思考の延長線上にあり、特定グループの人間をすべて一般論で括《くく》ってしまっているのだ。

このように、行き過ぎた一般化は、自分の将来性を狭めてしまう危険性がある。

ほとんどの人にとって、「信念」とは「何が苦痛で、何が快感か」をひとまとめにしたものだが、ここで注意すべき点が三つある。

①何を信じるかを「意識的に判断」することは、ほとんどない
②信念は「間違った解釈」に基づいていることが多い
③いったん信念が形成されてしまうと、それが「一つの解釈」に過ぎないことを忘れてしまう

信念が一度できあがってしまうと、まるで〝神のお告げ〟のように絶対視し、根拠が適切かどうか、疑問にさえ思わなくなってしまう人がほとんどだ。

つまり、自分の行動を変えたいなら、まず行動を制限している信念を変える必要がある。

信念は、創造と破壊の力を持つ〝両刃《もろは》の剣《つるぎ》〟だ。

驚くべきことに、人間は、どんな経験であっても、肯定的にも否定的にも解釈できる。

逆境の中にあっても「肯定的な意味」を見出す力というのは、誰にも備わっている。しかし、そのことに気づいていない人が大半だ。**どんなにつらい出来事にも「意味」を見出す力**は、生きていくために不可欠なものだ。

ナチスによる大虐殺を生き抜いたユダヤ人精神分析学者、ヴィクトル・フランクル博士は、アウシュヴィッツ強制収容所での自身の体験を著書の中でつづっているが、想像を絶する過酷な環境を生き延びた少数の人々に共通することがあったという。それは、たとえ生き地獄にあっても、その状況に**「肯定的な意味」**を見出そうとしたこと、そして**「希望」**を持ち続けたことであったという。

〝信念の力〟はどんな薬よりも強力に効く！

信念が影響を及ぼすのは、感情や行動だけではない。時には、薬の効き目をも左右する力を持つ。

ハーバード大学のヘンリー・ビーチャー教授の行なった実験を紹介しよう。患者の「信念」

によって、病気が治ることを実証した画期的な実験だ。

まず、医学部の学生百人に、「二種類の新薬の薬効をテストする」と伝え、赤いカプセルには興奮剤、青いカプセルには精神安定剤が入っていると言って与えた。

しかし、実際には、赤いカプセルには精神安定剤、青いカプセルには興奮剤が入っていた。そして、実に半分以上の被験者が、本来の薬効とは正反対の変化（つまり被験者の信じる薬の効果）を示したのだという。

この実験結果を受けてビーチャー教授は、「薬の効果は化学的な成分だけではなく、患者が薬効をどれだけ信じるかに大きく左右される」と語った。

信念はあなたに〝絶対的な命令〟を下している

交友のあったジャーナリストのノーマン・カズンズからも、何かを信じることが身体にいかに大きな影響を及ぼすかというエピソードを聞いたことがある。

ある時、ロサンゼルス郊外で行なわれたフットボールの試合で食中毒を起こした観客が何人かいた。中毒を起こした患者は全員、自動販売機で買ったソーダを飲んでいたので、検査に立ち会った医師は、それが原因だろうと判断した。

そこで、「自動販売機のソーダが原因で食中毒にかかった患者が出たので、自動販売機で買ったソーダは飲まないように」とアナウンスしたところ、スタンドで大混乱が起きた。嘔吐《おうと》する人、気絶する人が続出したのだ。販売機で何も買っていない人でさえ具合が悪くなってしまった。多数の観客が、近くの病院に救急車で運ばれた。

ところが、自動販売機のソーダが食中毒の原因ではないと判明した途端、患者の中毒症状はケロッと治まってしまったのだ。

このように、**「何を信じるか」で人の生理状態は一瞬にして切り替わる**し、免疫力を高めたり、弱めたりするという研究報告もある。

最も重要なのは、どんな「信念」を持つかによって、「目標は何が何でも達成する」と決意するか、「こんな目標は自分にはとても達成できない」と弱気になるかが決まるという点だ。

信念はあなたに〝絶対的な命令〟を下し、現在と未来の可能性を無限大にしたり、逆に破壊したりするだけの力を持つ。

今信じている信念を少し変えるだけで、人生を一瞬にして変えられる。

もし、人生を自分の力で変えたいのなら、まず「何を信じるか」を意識してコントロールすること。そして、いかにして信念が形成されるのかを理解する必要がある。

うまくいくと「確信」して、ことに当たる

信念とは、いったい何なのか。

実は、**信念とは「何かについて確信を持つ」ことにほかならない。**

「私は知的だと思う」と言う人は、実際には「自分は知的だと確信している」と言っているわけだ。そして、この確信のおかげで、知的な発言や行動ができるのだ。

そして、単なる**「考え」と「信念」の違いは、「経験」から得られた具体的な根拠、証拠があるか否か**である。

たとえば、あなたが「私はセクシーだ」という信念を持っているとする。それは他人から「セクシーだ」と言われたり、よく通りすがりの人に声をかけられたり、手を振られたりするといった経験が、「私はセクシーだ」という考えを支える根拠になっているのだ。こうした経験を積み重ねていくことで、ただの「考え」は「確実と思える信念」に変わっていく。

単なる「考え」が「信念」に変わっていく過程については、テーブルにたとえるとわかりやすいだろう。テーブルトップに当たる部分は「私はセクシーだ」という考え。そして、テーブルトップを支える脚に当たるのが経験・根拠だ。

たとえば「恋人からセクシーと言われた」「カッコいい車に乗っている」「ジーンズがよく似合う」「毎日欠かさず運動している」といった経験・根拠がそろった時、「私はセクシーだ」という「考え」は「信念」となる。

このテーブルのたとえを見れば、どうすれば信念を変えられるか、想像がつくだろう。まず、**考えを支えるのに十分な脚（根拠となる経験）さえ見つけられれば、どんな考えでも「信念」に変えられる**のだ。

たとえば、誰しも人間関係でイヤな思いをしたことが、一度や二度はあるだろう。その経験から「人間というのは、そもそも下劣で、ちょっとでも隙があれば、人の弱みにつけ込もうとする」という信念を持つこともできる。

逆に、他人に親切にされた経験も少なからずあるはずだから、「人はみな善良で、自分が困っている時は、助けの手を差し伸べてくれる」という信念を持つこともできる。

では、この両極端な信念のうち、どちらが真実なのだろうか。

しかし、ここで大切なのは、**「どちらが真実か」ではなく、「どちらが自分に元気とやる気を与えてくれるか」**なのだ。

脳は「実体験」と「想像」の違いがわからない

人間は事実を歪曲・曲解したり、でっち上げたりしてでも、「自分の考えを正当化するのに十分な証拠」を見つけてしまう。

そして、いったん信念が形成されてしまうと、それを「紛れもない事実」として受け入れ、疑念さえ抱かなくなるから怖い。否定的な信念が形成されれば、当然、否定的な結果が出てくることになる。

逆に、〝**想像**〟することで証拠をつくり上げ、自分の夢を実現させるような信念をつくることも可能だ。実体験と同じぐらい印象深い経験を想像すればいいのだ。

人間の脳は、「実体験」と「想像上の体験」の違いがわからない。感情に強く訴える想像を何度も繰り返せば、まだ実際に起こっていないことでも、人間の脳は「実際の体験」として認識する。

これまで私がインタビューしてきた**成功者は例外なく、「自分の成功を確信する」能力がずば抜けている。**「成功する」根拠が何もなくても、成功体験を繰り返しイメージし、次々と不可能を可能にしていくのだ。

マイクロソフト社のビル・ゲイツを例に挙げよう。ゲイツは決して、単なる〝幸運に恵まれただけの天才〟ではなく、自分の限界に果敢に挑戦して成功を手に入れた人物なのだ。

ニューメキシコ州の会社がBASICのソフトウェアを使った〝パーソナル・コンピュータ〟というものを開発中だという話を聞きつけたゲイツは、電話で連絡を取り、必ずソフトウェアを納品すると約束してしまった。そんなものは、まだ影も形もないというのに。となると、何が何でもソフトウェアを完成させなければならない。

この**「『必ずできる』と確信できる」**ところが、ゲイツの天才たるゆえんだ。ゲイツに劣らず頭のいい連中は他にもたくさんいたが、「絶対に完成できる」と信じたゲイツは、自分の能力をフル稼動させ、パートナーと二人で、約束したソフトウェアをわずか数週間で完成させたのである。

自らの限界に挑戦し、進むべき道を見つけたゲイツは、ビジネスの未来を大きく変えるきっかけをつくり出し、三十歳になる前に億万長者となった。まさに、**「確信は力なり」**である。

「現実的」すぎる人生はつまらない

思い込みによって自分の能力に限界をつくってしまっている人は多い。過去に成功した経験がないから、これからも成功できるはずがないと思い込んでしまうのだ。

その結果、痛い思いをするのがイヤだから、「現実的」に考えることばかり主張するようになる。実は、彼らは失敗するのが怖くてたまらず、常に不安の中で生きているのだ。こうした不安から、迷いを生じさせる信念を持つようになり、全力投球できない。もちろん大きな成果を上げることもない、というわけだ。

「現実的」の定義は人によって大きく異なるが、**偉大な指導者が現実的であることは、ほとんどない。**

ガンジーは非暴力主義運動を推進すれば、インドはイギリスから独立できると確信していた。

しかし、そんな前例はなかった。

ウォルト・ディズニーはオレンジ畑の真ん中に、乗り物料だけでなく入場料も払う遊園地をつくれば、人々が楽しめると考えた。当時、そんな遊園地はどこにも存在しなかった。

だが、二人とも誰よりも強い確信を持ち、「必ずできる」という肯定的な考え方で、現実を大きく変えたのだ。

どうせ人生で失敗するなら、自分の能力を過大評価して失敗するほうがいい（もちろん、生命の危険を冒さないという前提でだが）。ただ、人間は想像をはるかに超える能力を内に秘めているから、実際に過大評価するのは極めて困難だ。

なぜ〝楽観的な人〟は万事うまくいくのか

「うつ気味の人」と「非常に楽観的な人」の違いについて、数多くの調査結果が出ている。

たとえば、何か新しいことを学ぶ時、うつ気味の人は自分の上達具合を正確に見積もるが、楽観的な人はいつも「自分はすごく上達した」と、実際のところより甘く評価する傾向が強いという。そのため、楽観的な人は悲観的な人よりも、何かをマスターできる確率が高いのだ。

楽観的な人は、成功体験がなかろうが、失敗しようが、へっちゃらなのだ。「失敗した」とか「成功できない」といった否定的なテーブルトップなど、組み立てずにほったらかしにできるから、否定的な信念を持たずにすむ。

その代わり、楽観的な人は**「次回は違う方法、行動を取ることで成功する」**ところを想像し、それを成功の根拠に変えられる。この特殊な能力のおかげで、成功するまであきらめず、ついには頂点を極められるのだ。

偉大な指導者や成功を収めた人はみな、成功への具体的な道筋を知らなくとも、自分の理想を常に追い求めることができる。強力な信念に裏打ちされた絶対的な確信さえあれば、不可能を可能にできるのだ。

こんな態度は〝微量のヒ素〟を飲み続けるようなもの

自分の失敗をどう解釈するかは、誰にとっても大きな問題だ。今まで何度も失敗し、つらい経験が続いた人は、その経験を根拠に「いくら努力しても人生はよくならない」と信じ込むことがある。

また、「人生は無意味だ」「自分は無力で価値がない」「どう頑張っても、失敗する運命にある」といった無力感、否定的信念を持ち始める人もいる。

人生を思う存分生きて、目標を達成し、成功を手にしたいなら、こんな活力も行動力も奪う否定的信念はすべて捨て去るべきだ。

心理学では、この自滅的な考え方を「学習性無力感」と呼ぶ。何回も同じ失敗を繰り返していると（人によっては、たとえ一回でも十分）、「どんなに努力しても自分は成功できない」と考えるようになり、やる気や意欲を全く失ってしまうのだ。

心理学者で、「学習性無力感」の研究で有名な、ペンシルベニア大学のマーチン・セリグマン教授は、その著書『オプティミストはなぜ成功するか』（パンローリング刊）で、人に無力感を与え、人生すべてを破滅に追い込む可能性のある危険な信念のパターンを三つ挙げ、それぞれを永続性、波及性、自責性と名づけている。

永続性――この問題は永久に続く

成功するためには、数多くの問題や障害を乗り越えていかねばならない。

成功する人はどんな問題にぶつかっても、「これは一時のことだ」と考えるが、失敗する人はどんなに些細な問題でも「こんなことがずっと続くのか」と考えてしまう。これは、自分で自分の身体に毒を注入するような考えで、即刻、粉砕すべきだ。

自分や自分の大切な人が、「自分の抱える問題は永久に変わらない」と言い出したら、すぐに「そんなことは絶対にない」と正気に戻してあげるべきだ。何が起こっても、「これもいつかは終わる」と信じて、あきらめずに努力し続ければ、必ず道は拓ける。

波及性――自分の人生は何もかもがうまくいかない

無力感を与える二つ目の信念は「波及性」である。

成功する人は、たった一つの問題が他のことにも波及する、つまり人生を左右するとは、絶対に考えない。たとえば、食べ過ぎたとしても、「私という存在そのものが問題なんだ。食べ過ぎるから、私の人生はおしまいだ」とは考えない。

逆に、悲観的な人は、たった一度の失敗だけで、「自分の人生は失敗だらけだ」と結論づける。もし経済的に行き詰まっていれば、「そのうち、子どもにも十分食べさせられなくなり、妻にも逃げられ……」と、妄想がどんどんふくらんでいくのだ。

自責性――すべては〝自分の落ち度〟である

人生に悪影響を与える三つ目の信念は「自責性」、つまり問題をすべて自分のせいにすることである。失敗を「乗り越えるべき障害」とは考えずに、「自分の落ち度」「自分に問題があるから」と考えていたら、誰でも落ち込むに決まっている。

自分を非難して、元気が出るはずがない。

このように、自分の可能性を制限する否定的な考え方は、微量のヒ素を毎日飲み続けるようなものだ。微量でも体内に蓄積していけば、いつか必ず致死量に達する時が来る。

だからこそ、否定的な考え方は、何が何でも避けること。忘れないでほしい。たとえどんなに心を毒する思い込みであっても、あなたがそれを信じている限り、脳はそれに異議を唱えることなく働き、外界からの情報を選別し、常にその考えの「根拠」を探し求めるのだ。

「信念」を支える〝テーブルの脚〟を揺さぶってみる

飛躍的な進歩を遂げるには、まず「信念」を変えること。そして、**信念を変える最も効果的な方法は、「古い信念」と、耐えがたいほどの苦痛とを結びつけること**だ。それも、過去に経験したものだけでなく、現在、未来にわたって感じるであろう苦痛もすべて含めてである。そして逆に、**やる気の出る「新しい信念」からは、「無上の喜び」を連想するのだ。**人間の行動はすべて、「苦痛」を避け、「快感」を得ることを目的としているのを忘れてはならない。

次に重要なのは、「自分が信じていること」を疑ってみることだ。

胸に手を当てて考えてほしい。以前は、それこそ命懸けで信奉していたのに、今となっては信じていたことを認めるのさえ恥ずかしいことが、一つや二つ、あるのではないだろうか。そして、その信念を捨てたきっかけは、新しい経験をしたことではなかっただろうか。

もちろん、新しい経験をすれば、自動的に信念が変わるわけではない。それまでの信念を真っ向から否定するような経験をしても、解釈をねじ曲げてしまえば、古い信念の証拠にできるからだ。

つまり、**新しい経験が変化を引き起こすのは、それによって今まで信じてきたことに疑問を感じるようになった場合だけ**なのだ。

率直な気持ちで、自分が信じていることの真偽のほどを確かめてみてほしい。「信念」というテーブルを支える証拠の脚を揺さぶってみたら、それほど頑丈ではないかもしれない。

あなたは、自分の能力に疑いを持ったことがあるだろうか。おそらく、「失敗したら、どうしよう」「うまくいかなかったら、どうしよう」「みんなから嫌われたら、どうしよう」といった否定的な言葉を自分に投げかけた経験は誰にでもあるだろう。

私たちが信じていることの中には、「他人から聞いた、本当かどうかわからない情報」だけを根拠にしているものが少なくない。ところが、その根拠をくわしく検証してみると、長年信じ込んできたことが、誤った前提に基づいていたと明白になることもある。自分の可能性を狭めてしまう否定的信念を抱いていないか、細心の注意を払ってほしい。

私は日本式「カイゼン」で人生を再構築した

ビジネスでも個人でも、「今、どんな信念を持っているか」が決断を左右し、将来を決めていく。

そして、**「成功して幸福になるには、常に人生の質を高め、成長し続けることだ」**という信念ほど重要なものはない。

日本では、この原則がよく理解されている。日本企業で頻繁に使われる言葉に**「カイゼン」**がある。「カイゼン」とは、「常に質を高め続ける」という意味で、ごく日常的に「貿易収支の改善」「製造過程の改善」「人間関係の改善」といった具合に使われる。つまり、日本人は四六時中、もっと成長する方法はないかと模索し続けているのだ。

また「カイゼン」には、「少しずつ改良していく」という意味もある。毎日少しずつでもいいから改良を積み重ねていけば、長期的にはそれが積み重なって、想像を超えるような変化となる。残念なことに、英語には、この日本語の「改善」にあたる言葉は存在しない。

この「カイゼン」という概念が、日本の企業文化に与えた影響を考えると、**私自身が人生を再構築できたのも、この「カイゼン」のおかげ**と思わずにはいられない。

常に自分に磨きをかけ、より質の高い人生を目指すこと、それに合わせて日夜改良を続ける決断が、私の人生を成功と幸福へと導いてくれたのだ。

不安、心配——〝怪物〟は小さいうちに始末する

「カイゼン」を実行するためには、自制心が不可欠だ。「気が向いた時だけ実行する」のでは意味がない。それは、「行動を伴う、たゆまぬ改善」でなければならない。

どんなにわずかであっても、毎日継続して改良を積み重ねていくことで、最終的には巨大な変化を実現できる。グランド・キャニオン国立公園を訪れたことがあれば、私の言わんとするところがわかるだろう。コロラド川とその支流が気の遠くなるような年月をかけて岩を少しずつ削っていった結果、世界の七大不思議に数えられる圧倒的な景観がつくり上げられた。

人間は毎日、様々な不安に苛《さいな》まれている。解雇されたら、持っているお金をなくしたら、妻

（夫）をなくしたら、病気になったら、どうしようといった具合だ。

「自分は毎日、少しずつ改善し続けている」という自覚だけが、人生で唯一の安心感の源だ。

自分の能力、人生の質を高めるために、たゆまぬ努力をしているのだから、現状維持など気にしなくてもいい。おかげで、「いつも新しいことを習得し、人間的に成長している」という確信が持て、悔いの残らない人生を送れるのだ。

だが、「カイゼン」さえしていれば障害がなくなるわけではない。「カイゼン」の目的は「問題が危機的状況になる前に解決する」ことだ。

どんな〝怪物〟も、小さいうちに始末するに限るのである。

「カイゼン」を毎日実施するために、毎晩、次のように自分に問いかけよう。

- **今日は何を学んだか**
- **今日は何を改良したか**
- **今日は何を楽しんだか**

毎日の人生を楽しめるように自分を改善していけば、想像を超えた豊かな人生を経験できるはずだ。

「書き出す」ことで〝ゴミ思考〟を仕分ける

自分の人生を真にコントロールするためには、自分がどのような信念に導かれているのかを知らねばならない。そこで、今すぐ手を止めて、実行してほしいことがある。今、自分が持っている信念を、「やる気の出る信念」と、「やる気のなくなる信念」に分けて、思いつくままにすべて書き出してほしいのだ。時間は十分ほどでかまわない。

「ベストを尽くせば、成功するはずだ」「この人に情熱を注ぎ過ぎると、私は捨てられる」「人間は元来、善良なものだ」など、十分間で思いつくだけの信念を、全部書き出そう。

☆「やる気の出る」信念

☆「やる気のなくなる」信念

さて、自分の信念を書き出してみて、何かわかったことはないだろうか。

ここで書き出した信念を、時間をかけてじっくり読み返してほしい。そして、「やる気の出る信念」の中で、最も強力だと思うもの三つを丸で囲む。どうしてやる気が出るのか、自分の人生にどんな肯定的な影響を及ぼすのかを考えてみてほしい。

〝やる気に水を差す考え〟を根絶やしにする「七つの質問」

次に、「やる気のなくなる信念」について考えてみよう。この信念はどんな否定的な結果をもたらすだろう。中でも、やる気と活力を奪い去る最悪の信念を二つ選び、丸で囲んでほしい。自分の可能性を狭める否定的信念は、今この場できっぱりと捨て去り、絶対にその悪影響は受けないと誓ってほしい。

次に挙げる質問で、やる気を奪う信念を支える「根拠の脚」を外してしまえばいいのだ。

①この信念は、どこが馬鹿げているか
②この信念を伝授した人は、この分野で自分のお手本になるか
③この信念を捨てなければ、感情面でどのような影響を受けるか
④この信念を捨てなければ、人間関係はどうなるか
⑤この信念を捨てなければ、健康はどのような影響を受けるか
⑥この信念を捨てなければ、自分の経済状態はどうなるか
⑦この信念を捨てなければ、自分の家族や恋人（愛する人たち）はどのような影響を受けるか

以上の七つの質問に本気で答えようとすると、すでに信念のパワーが弱まってきたことに気づくだろう。そうなったところで、その信念が原因で今までにこうむったすべての損失、今後こうむるであろう損失と「苦痛」とを、しっかりと結びつけるのだ。耐え切れないほどの苦痛と連携させれば、否が応でも今すぐ捨てたくなるだろう。

最後に「古い信念」を「新しい信念」に置き換えること。たった今捨てたばかりの「やる気のなくなる信念」に取って代わる信念を書き出すのだ。

古い信念の反対を考えるのもよい。もし「自分は女だから成功できない」という信念を捨て

たのなら、「自分は女だからこそ、男性が考えもつかないような解決法を見つけられる」といった具合だ。

こうやって細かく検証していくと、今まで気づきもしなかった否定的な信念を見つけられるかもしれない。痛みを感じた時、イライラしたり、怒りの感情を感じたりした時は、「自分がこんなふうに感じるのは、どんな信念のせいか」と自問してみること。すると、自分で意識すらしていなかった信念を掘り起こせる。

信念の力は絶大で、創造も破壊もできる両刃の剣だ。

心のどこかに、「自己ベスト以下では満足できない」という願望があったから、あなたはこの本を読み出したのだろう。

自分の夢を破壊せず、目標を達成する力を手に入れたいと真剣に願っているなら、自分を元気づけてくれる信念だけを採用すること。最高の理想を実現できるように、運命を自分の手で開拓していくのだ。

あなたの心の中には、巨大な力が眠っている。今こそ、その力を揺り起こす時である。

2章

「本当にほしいもの」に心を集中させる

――「気持ちが沸き立つこと」だけ考えればいい

Awaken the Giant Within

「天国と地獄の往復」のような人生

「いつものやつを一発頼む」

エルヴィス・プレスリーは、いつもこう言ってドラッグ注射を要求した。それが連夜の公演で疲れ果てた〝キング〟を夢の国へ送り出すための奇妙な儀式になっていた。アシスタントは一つ目の封筒を開け、エルビスに「いつものやつ」を手渡す。

ここから、二十四時間スタンバイしている厨房スタッフの仕事が始まる。眠るまで食べ続けるキングと、競争で料理を用意しなければならない。普通は、チーズバーガーを三つと六～七皿のバナナスプリットをたいらげる頃には、うとうとし始める。

食べながら眠ってしまった時は、キングが窒息死しないように、アシスタントが気道から食べ物を除去することも再三だった。また多忙な一日が始まるまで、エルヴィスは四時間ほど眠るのだった。

午後になると、コカインを浸した綿棒を鼻に突っ込んで、食べ過ぎとドラッグでふくれ上がった肉体をたたき起こし、再びステージに登るのだった。

世界的な人気を誇り、ほしいものは何でも手にできた人間が、なぜ自らの肉体を痛めつけ、自ら命を絶たねばならなかったのか。異母兄弟であるデイヴィッド・スタンレーによれば、「惨めな自分を意識するよりは、ドラッグ漬けになって、**何も感じないほうがましだ**」と思っていたからだという。

不幸にして、このような有名人は少なくない。すぐ思いつくだけでも、作家ではアーネスト・ヘミングウェイ、シルヴィア・プラス（女流詩人）、俳優ではウィリアム・ホールデン、コメディアンのフレディ・プリンツ、歌手では、キャス・エリオット、ジャニス・ジョプリンなどがいる。

彼らに共通しているのは何か。第一に、もうこの世にはいないこと。第二に、例外なく「いつか、誰かが、何とかして、あれを手に入れれば……きっと私は幸せになれる」という大嘘を信じていたことだ。

ところが、成功と大金を手にし、アメリカンドリームを実現したと思っても、幸せは逃げていってしまう。そして苦しみを遠ざけるために酒やタバコ、過食に逃げ道を見出し、ついには、望み通り「何も感じなく」なってしまった。
彼らは「本当の幸せ」を見つけられなかったのだ。

「心」の暴走を許してしまう理由

彼らが身を挺《てい》して伝えているのは、こういうことだ。

①「自分が心から人生に求めているもの」が何かわかっていなかったので、様々なまやかしにひっかかってしまった。

②苦しみにつながる神経回路がつくられ、苦しみに向かってまっしぐらに進んでいった。

③どうすれば「いい気分」になれるかを知らない。そのために酒やドラッグに頼らざるを得ない。

④意識的に自分の心を制御するための「基本」を身につけられず、自分自身が主導権を握ることなく、周囲の「苦しみ」と「喜び」に翻弄されている。

自分は〝本当のところ〟何を望んでいるのか

「人生に何を求めるのか」、今ここで自分に問いかけてみよう。

愛に満ちた結婚生活を手に入れたいのか、子どもたちから尊敬される人間になりたいのか。大金、丘の上の豪邸、高級車がほしいのか、事業が順調に発展してほしいのか、世界中を旅し、まだ見ぬ国を訪れ、歴史的な名所をその目で見たいのか。

ロックミュージシャンやハリウッドに住むセレブになって、ファンに追い回されたいのか。タイムマシンの発明者として後世に名を残したいのか。世界を救うために働きたいのか、環境保護のために積極的な役割を担いたいのか。

何を望むにせよ、まず**「なぜ、私はそれを望むのか」**と、自問自答するべきだろう。

たとえば、高級車がほしいのは、達成感を味わい、人々から羨望のまなざしで見られたいからではないか。

なぜ、素晴らしい家庭を築きたいかといえば、愛と親密感と絆と温かさがほしいからではないか。

地球を救いたいのは、世の中に貢献することで「何かが変わる」と信じているからではないだろうか。

つまり、**あなたが本当に求めているのは、あなたの感覚、感情、精神状態を変えること**ではないだろうか。

キスをした瞬間は、いい気持ちになる。湿気を帯びた細胞組織同士がくっつくことで、そういう気分になるのだろうか。もちろんそうではない。もしそうなら、犬にキスしただけで興奮するはずだ。

人間の感情は、脳の中で生化学的な嵐が巻き起こす一陣の風に過ぎない。そして、その風は、いつでも好きな時に自分で引き起こすことができる。

しかし、何よりも大切なのは、**感情に支配されるのではなく、「意識的に感情をコントロールする術《すべ》」を身につけること**である。

人間の情動反応の大半は、経験的に身体にしみついたものだ。そのことを意識するだけでも、心のあり方を理解する第一歩になる。

自分に〝奇跡〟を起こすのは難しくない

友だちの名前を思い出せなかったり、簡単な単語のつづりを忘れたりした経験はないだろうか。いったい、なぜそんなことが起きるのか。頭がどうかなってしまったからだろうか。いや、そうではない。

馬鹿なことをしてしまうか、そつのない行動を取れるかの違いは、その人の「能力」ではなく、その瞬間に「心や身体がどのような状態にあるか」によって決まる。

誰でもマーヴァ・コリンズ（訳注　アメリカの女性教育家）の勇気と決断力と、フレッド・アステア（訳注　ハリウッドのミュージカル映画全盛期を担ったダンサー）の品とセンスのよさと、ノーラン・ライアン（訳注　メジャーリーグの元投手）の力強さと忍耐力と、アインシュタインの思いやりと知性を兼ね備えているかもしれない。

しかし、いつも消極的な心の状態に打ち沈んでいれば、あなたに約束された才能を発揮することは決してできないだろう。

ところが、もし、いつでも「最高に能力を発揮できる状態」を、思うがままにつくり出せれば、文字通り**「奇跡」を起こすことも可能**だ。

身体や心の状態が、「現実をどうとらえるか」を左右し、判断や行動をも左右する。

言い換えれば、「能力」ではなく、「精神状態」によって、自分の「行動」は決まるのである。

あなたの中に眠っている様々な才能を花開かせるには、「自分の力を発揮し、前向きな期待を持てる」ような精神状態を意識してつくることだ。そうすれば、奇跡が起きる。

〝意識のチャンネル〟は「ここ」に合わせる

では、「心の状態を変える」には、どうすればいいのか。たとえば、テレビを思い浮かべてほしい。「明るく、色が鮮やかで、音も素晴らしい」画面を見るには、まずコンセントを入れ、スイッチを入れなければならない。

人間の生理機能を目覚めさせるのは、これに似ている。電気がなければ、画像も音もなく、画面は真っ黒なままだ。それと同じように、身体全体（すなわち生理機能）が目覚めていなければ、本当に簡単な単語のつづりさえ出てこなくなる。

朝、起きるには起きたものの、血液が身体全体に行き届くまで身体を動かしてやらないと、あちこちでつまずき、まともにものも考えられない。一方、心と頭がスタンバイの状態になっていれば、いいアイデアも浮かんでくるし、前向き、発展的に物事を考えられる。

もちろん一度コンセントを差し込んだら、まず自分が本当にほしいものにチャンネルを合わせなければならない。精神的には、「自分に力を与えてくれるもの」に気持ちを集中させること。すると、気持ちはますます高まっていくだろう。もし、今自分のしていることが好きになれないなら、そろそろチャンネルを変えるべきなのかもしれない。

世の中には実にいろいろな感動があり、人生の万事には様々な考え方がある。あなたの求めている感動は、いつでもそこにある。あなたはただ、正しいチャンネルに意識を合わせるだけでいい。

それには基本的に二つの方法がある。

「身体の使い方」を変えるか、「焦点の当て方」を変えるかである。

「感情」は〝身体の動き〟に連動している

この十年間で、ある重要なことに気がついた。それは、**「感情」は身体の動きによってつくられる**ということだ。

人間の気持ちは、すべて身体の動きによって引き起こされる。ほんのちょっとした顔の表情や身振りの変化が、ものの感じ方だけでなく、考え方や行動の仕方にも影響を与える。言い換えれば、「自分の人生をどう評価するか」にも影響してくるのである。

ちょっと面白い実験をしてみよう。退屈で、くそまじめな、オーケストラの指揮者になったつもりで、腕をリズミカルに振ってみよう。非常にゆっくり、気持ちを高ぶらせることなく、「こんなことは、いつでもやっている」という感じで腕を振る。その時、いかにもつまらなそうな顔をすることもお忘れなく。どんな気分になるだろう。

次は、おもちゃのサルのように猛スピードで手を叩き、馬鹿みたいにニヤニヤしながら、大声を出してみよう。胸、のど、口を通る空気の動きで、感じ方が変わるはずだ。身体と声帯に感じる動きとスピード感が、一瞬にして気持ちに変化をもたらすのだ。

すべての感情は、姿勢、呼吸法、身体の動かし方、顔の表情といった特定の生理と結びついている。どういう気持ちの時に、身体がどういう状態になるかがわかれば、**身体の状態を変えることで、感情をコントロールできる**。

人間の顔には、およそ八十の筋肉があるが、いつも暗く、やる気のない顔をしていると、筋肉がそのパターンを覚え込み、ついには、精神状態まで支配するようになる。

私の「デート・ウィズ・デステニー」というセミナー（90ページ参照）では、平均的な一週間に感じる感情をすべて書き出してもらっている。しかし、数限りなくある感情の中で、平均すると十種類前後しか出てこないことが大半だ。

くたくただ、イライラする、頭に来る、不安だ、さびしい、退屈だ、惨めだ、幸せだ、ホッとする、愛されている、ワクワクする、うれしい——だいたい、こんなところだ。

人間の生理活動がパターン化されているため、感情表現も貧弱になっているからだ。

人生を〝食べ放題のバイキング〟のように楽しむ

世の中には面白いことが山ほどあるのに、感情面がこんなに貧弱なのはなぜか。これが食べ放題のバイキングなら、すべての料理を味わおうとするはずだ。

あなたも、もっと豊かな感情を経験してみてほしい。

時には我を忘れ、魅了されてみるのもいい。元気いっぱい、はしゃいでみる。好奇心、官能、欲望、感謝、恍惚《こうこつ》、創造性、才能、自信、激怒、大胆不敵、思慮深さ、思いやり、ユーモア……いろいろな経験をしてみよう。

それには、自分の「肉体の使い方」を変えてみることだ。自分の強さを実感できれば、微笑むことができる。笑い声を上げるだけで、すぐにどんな変化でも起こせるのだ。

「そのうち笑って話せるようになるさ」と言うのなら、なぜ、今そうしないのか。

身体に活を入れ、たとえ何が起ころうとも、常に明るい気持ちでいられるように訓練してほしい。あるイメージを繰り返し思い浮かべた時に、エネルギーが身体に漲《みなぎ》るようにすれば、やがてはその感覚と精神状態とが結びついてくる。

弱々しさをただよわせ、いつも肩を落とし、疲れた様子で歩き回っていると、本当に疲れてくる。

「身体の変化」は「感情の変化」を引き起こす。すると今度は、感情の変化が身体に影響を与える。そして、このサイクルが永遠に繰り返される。

今、この本を読んでいるあなた。姿勢はどうだろう。背筋をぴんと伸ばして座っているようなら、エネルギーが満ちあふれているに違いない。

一瞬で気分を変えるシンプルな方法

一瞬で気分を変え、効率を上げるために、できることがいくつかある。

まず、鼻から息を深く吸い、口から勢いよく吐き出す。にっこり笑って、子どもたちに笑いかける。

そして、心の底から人生を変えたいと思うなら、今日から七日間、一日に五回、一分間ずつ鏡の前で、「これでもか」というぐらいニッコリ笑うことに全身全霊で取り組んでほしい。

「そんな馬鹿な」と思うかもしれないが、「形から入る」ことで、脳の決まった部分に絶えず刺激を与え、「喜びの感情を引き起こす回路」が形成される。ぜひお試しあれ。

さらに、ジョギングする時には、笑いながらスキップするといい。

スキップには、四つのうれしい効果がある。

①いい運動になる。②ランニングよりも身体にかかる負担が少ない。③スキップしながら仏頂面はしていられない。④通りがかりの人が、あなたを見て大笑いする。つまり、まわりにいる人の気持ちまで変えてしまうわけだ。
「笑い」には、かくも強烈なパワーがあるのだ。


人生を変えるには、まず笑う。笑う門には福来たる。毎日五回、ニッコリするのと同時に、一日三回ずつ、意味もなく大笑いするのを一週間続けること。

『エンタテインメント・ウィークリー』誌のアンケート調査によれば、映画を見に行く人の八二%は、笑いたくて行くのだそうだ。泣きたい人は七%、怖がりたい人は三%と続く。


よく笑う人を見つけて、その笑い方を真似てみるのもいい。

「お願いがあるんです。あなたの笑い方はとても素敵なので、ぜひ笑い方を教えてください」

そう言うだけで、もう二人とも笑い出すこと請け合いだ。まず呼吸法に始まり、姿勢と身体の動き、顔の表情、笑い声まで、すべて真似てみよう。

そうこうするうちに、いつでも笑える神経のネットワークができあがる。いつでも笑えるようになると、本当に楽しい気持ちになれるものだ。

〝スランプ〟はこうすれば吹き飛ばせる

もうすでに気分がいいとか、上り調子の時なら、その状態を保つのは簡単だ。

しかし、**本当の意味で人生を左右するのは、調子が悪く、やる気のない時に、どれだけ巧みに気分転換できるか**である。

そして、自分の身体を利用すれば、どんな憂うつな状態も一瞬で変えられる。ある心理状態・精神状態にある時の「身体の生理状態」を把握しておけば、好きな時に望む心の状態を手にできる。

以前、シンガー・ソングライターのジョン・デンバーから相談を受けたことがある。彼は音楽的才能に恵まれているのに加えて、素晴らしい人間性の持ち主だ。彼のように温かくて、思いやりのある人なら、成功するのは当然である。

私が相談を受けたのは、当時、彼がスランプに陥っていたからだった。ヒット曲を連発していた頃のことを一緒に振り返ってみたところ、身体を動かしている時にインスピレーションが湧くことがわかった。

一つの曲が最初から最後まで頭に浮かぶのは、山の頂上からスキーで一気に滑り降りた時とか、自分で飛行機を操縦している時とか、スポーツカーでぶっ飛ばしている時だった。いつもスピードが関係していて、興奮状態になることと、自然の美しさに心を奪われることが、創作活動の大きな部分を占めていた。

その頃、彼は私生活で悩みを抱えていたため、以前のようにアウトドアライフを楽しめなくなっていた。この点を改め、以前のような生活を取り戻したことで、すぐに自信と創作意欲を取り戻すことができた。

そして誰もが、自分の生理状態を変えることで、彼と同じような変化を、今すぐ体験できる。

「いい気分」になるのに〝理由〟はいらない

成功に欠かせないのは、信頼、自信、柔軟性、人間力、楽しさを生み出す行動パターンを決めることだ。

行動しなければ、何も始まらない。年を取ると、何もしなくなる人がいるが、年を取るとは年齢の問題だけではなく、活動しているか否かにもよる。

雨上がりの歩道を歩いている子どもが水たまりを見つけたら、やることは決まっている。水たまりに入って、笑いながらバシャバシャやって遊ぶはずだ。

年寄りならどうか。よけるのは当たり前だが、「なんでこんなところに水たまりがあるんだ」と、文句を言うだろう。

私は、そんな生き方はしたくない。いつも足取り軽く、ニコニコしながら生きていたいではないか。元気がよくて、型破りで、陽気な人になるのも悪くない。いつも「いい気分」でいよう。いい気分になるのに理由はいらない。理由なんかなくても、いい気分になってかまわないのだ。

「うれしくて有頂天」になることを心に思い描く

今すぐ憂うつな気分になれと言われれば、いつでもなれる。昔のイヤな経験を思い出すだけで十分だ。誰にでもイヤな思い出はある。気持ちを集中させ、その場面を思い描けば、その時の感覚がすぐによみがえってくる。

昔見たつまらない映画を、何度でも見に行きたいと思う人はいないのに、イヤな思い出となると、頼んでもいないのに繰り返し頭の中に浮かんできたりする。顔も見たくないような相手、仕事の失敗や転職の失敗を何度も頭の中で反芻《はんすう》することに、何か意味があるのだろうか。

また、まだ起こってもいないことを、ああでもない、こうでもないと悩んだりするのも、全くナンセンスだ。

もちろん、〝忘我の境地〟に達することも、同じようにいとも簡単にできる。うれしくて、有頂天になった時のことを思い出し、気持ちを集中させる。その時、あなたはどう感じていただろうか。その感覚をもう一度、ありありと思い起こすことができれば、それで十分だ。

その興奮と、「まだ起こっていないこと」に心を集中させれば、将来のことを考えただけで心が躍るだろう。

「心のピント」をどこに合わせるか

世の中に「絶対的なこと」はほとんどなく、**ものの感じ方や経験の持つ意味は「何に焦点を合わせるか」によって違ってくる**。

このことをカメラにたとえて考えてみよう。カメラのレンズには、ある一つのアングルで、ピントを合わせた風景が映っているだけだ。そのため、写真は現実を歪めて写すこともできる。

たとえば、カメラを持ってパーティーに出かけたとしよう。あなたは隅にある椅子に腰を下ろし、数人の口論している人たちにピントを合わせた。すると、どうなるだろう。パーティーは不愉快で、居心地が悪く、みんな喧嘩腰で、全然楽しくなかったということになる。

もしも、同じパーティー会場で、ジョークを言い合い、楽しそうにしている人たちにピントを合わせれば、みんなが和気藹々《あいあい》と、楽しく過ごせたパーティーだったということになるのだ。

「本人の承認」を得ていない伝記が物議を醸《かも》すのは、それが原因だ。伝記は、他人の目を通して見た、ある人の人生の〝一つの解釈〟に過ぎないからだ。しかも、著者がその人に反感を持っていると、歪んだ人物像を描き出すことになる。問題は、著者がある一つのアングルからしかその人を見られないことであり、クローズアップになれば、当然、被写体が実際よりも大きく見えることもある。

写し方次第で、カメラは重大な事実を矮小化《わいしょう》したり、曖昧にしたりもできる。

ラルフ・ウォルド・エマーソン（訳注　アメリカの詩人）の言葉を借りるなら、**「自分の心の中にあるものを他人の中に見出す」**ことになるのだ。

「こうあってほしくない」ことに気を取られない

予定通りに会議を始めようとしたが、決められた時間に来ないやつがいる。その時、どう感じるかは、どこに焦点を当てているかで変わってくる。

「あいつは会議なんかどうでもいいんだな」と思うか、「きっと、忙しくてテンテコ舞いしてるんだな」と思うかで、心証は全く違ってくる。

「どういう料簡《りょうけん》だ！」と腹を立てていたら、実は、会議にかける企画のことで、どうしても確認が必要な点があったからだとわかって、「なんだ、そうだったのか」ということもある。

このように、「何に焦点を当てるか」で、人の感じ方も変わる。だから、あまり結論を急がず、何が大切かをよく見極める必要がある。

レーシング・スクールで私が学んだこと

焦点の合わせ方によって、現実はよくも悪くもなるし、感じ方にも影響を与える。

私の大好きなカーレースを例に取って、考えてみよう。

レーシング・スクールに入った私は、最初に「スキッドカー」という車に乗せられた。この車にはコンピュータが組み込まれていて、インストラクターの操作一つで、水圧リフトが車輪を浮き上がらせる仕組みになっていた。

レーシングカーを運転する時の〝基本中の基本〟は、**自分が進もうとしている方向に神経を集中させ、怖いと思ったものに気を取られないこと**である。

車が横滑りして制御不能になった時、初心者は目の前の壁に目を奪われてしまう。そして、そのままでいると、間違いなく壁に突っ込むことになる。

しかし、恐怖心に打ち勝って、自分を信じ、「自分の行きたい方向」に神経を集中させると、自然とそちらに進むように身体が動き、危機を脱することができるのだ。

だが、恐怖のとりこになってしまうと、そのチャンスはないに等しい。生徒は異口同音に質問する。

「それでも、壁に突っ込みそうになったら、どうするんですか」

答えはこうだ。

「自分が行きたい方向に神経を集中すれば、助かる可能性は高くなる」

インストラクターの説明を聞いて、私は大きくうなずいた。

「その通り。これなら僕にもわかる。何と言ったって、僕が教えているのは、そういうことなんだから」

初めてサーキットを走った時は、ずっと叫びっぱなしだった。すると突然、インストラクターがボタンを押した。車はコントロールを失い、滑り始めた。情けないことに、その時、私の目は吸い寄せられるように、壁に釘づけになっていた。

今にも壁にぶつかりそうで、私は恐怖に凍りついていた。インストラクターは、力ずくで私の顔を進むべき方向に向けさせた。車はまだ滑り続けているし、このまま壁に突っ込むと思った。

ところが、無理やり進むべき方向に目を向けさせられたおかげで、自然にその方向にハンドルを切ることができた。間一髪のところで、車は向きを変え、激突をまぬがれた。九死に一生を得るとは、このことだと思った。

“コントロールされた心”は最高の友人

ここから学ぶべきは、「焦点を変えたからといって、すぐに方向が変わるとは限らない」ということだ。人生についても同じことが言える。方向転換しても、実際に身体や人生そのものが反応するのには少し時間がかかる。

だからこそ、いつまでも「問題」にかかずらわっていないで、できるだけ早く「自分の目標」に焦点を絞り込む必要があるのだ。そして、**心の焦点を「望ましいこと」に集中**できるように、何度も鍛えてほしい。

今、ここで自分の心を訓練する必要性を理解してほしい。コントロールの利かなくなった心は人をたぶらかすが、**コントロールされた心は最高の友人**である。

問答無用で「意識のギアチェンジ」をする法

心や身体の状態を変えるには、いろいろな方法があり、どれも簡単にできることばかりだ。呼吸法を変えれば、生理状態を変えられる。意識の「焦点」の当て方を変えれば、ものの見方も変わる。

暗い顔をしていても悲観的に考えていても、いいことは何もない。今すぐ気分が浮き立つような考えにシフトすること。人生を素晴らしいものに変えるための方法はいくらでもある。それを使いこなせば、人生はアートになる。

ところが、切り替える方法を数えるほどしか知らない人は、食べ過ぎ、飲み過ぎ、夜更かし、買い過ぎ、タバコの吸い過ぎ、麻薬中毒に陥ってしまう。このような状態は決して望ましいものではなく、心の状態をコントロールし、行動を変えていかなければ、悲劇的な結末を迎えることも少なくない。

「やらなければならないこと」があるのにやる気が起きないのは、適切な心身の状態にないからだ。

私の場合、「本を書かなければならない」状況に自分を追い込んでみたが、「そんなこと、できない」という気分でいた。そこで「心の状態」を変える手立てを考えた。本を書くために、気分を高揚させ、創造力の高まった状態に自分を持っていったのだ。

恐怖や不安を感じている状態でダイエットをしても、効果は期待できない。成功するには、〝やる気満々の状態〟にならなければならない。また、仕事を首尾よく運ぶには、自分は知性的で論理的、聡明であるという自信が必要になる。

そして「心身の状態」が切り替わっただけで、それまでできなかったことが急にできるようになったりするのだ。

〝空手の達人〟に教わった精神集中のコツ

身体の動かし方一つで、ものの感じ方を変えることもできる。数年前、ある経験によって私の人生は大きく変わった。それはカナダで、空手で角材を割ってしまう男性に出会った時のことだった。

角材を割るなど、普通なら数年の空手の修行が必要だろう。ところが、私は、彼が何に、どのように焦点を合わせているか、どんな信念を持っているか、身体をどのように使って木材を割っているか（身体的戦略）をはっきりと見て取ることができた。

私は、彼と全く同じように身体を動かせるようになるまで、繰り返し練習した。とことん精神を集中し、「私にもできる」という念を脳に送り続けた。その間、師匠は身体の動かし方について指導をしてくれた。

すると、どうだろう。私も角材をバンバン割れるようになったのである。

なぜ、こんなことが可能になったのか。それには三つの要素があった。

①厳しい基準を自分に課し、自分には不可能と思っていたこと（角材を割ること）を、「達成しなければならない目的」として掲げた。

②私自身の感情の状態を、「成功への確信」に満ちたものに変え、自分の能力に対する自信を深めた。

③角材を割るという「結果」を出すための〝具体的な手本〟が目の前にあった。

この体験によって、「身体中に力が漲り、自信が湧いてきた時」の感じ方が変わった。そして、「角材を割る」時の、集中力が高まり自信に満ちた気持ちを他のことにも利用・応用するようにした。すると、次々に「不可能を可能にする」ことができたのだ。また、優柔不断な態度や恐怖心をも克服できた。

私は、この感覚を時間をかけて強化し、様々な人に伝授するようになった。ローティーンの女の子も、私と同じような体験をすると、自信が持てるようになる。私のセミナーでも実践しているが、ものの三十分ほどで、参加者は恐怖心を克服し、障害を乗り越える方法を身につけられる。

「不可能を可能にする」という体験があると、人生の目標を達成するために必要な〝**確信**〟を持つことができる。筋骨隆々の男が、腕力に任せて角材を割ろうとして失敗しているのに、彼の半分の力もないような女性が角材を割った時には、全く胸のすく思いがする。

そんなことができるのも、女性が自分の生理機能の一つとして、**「成功への確信」**を組み込んでいるからだ。

心の動きを制した者が、人生を制する

大切なのは、**自分の心の動きは意識的、かつ慎重にコントロールすること**である。それができないと、なす術もなく、周囲に流されていくしかない。

まず初めに身につけるべきは、環境に左右されず、しかも自分の恐怖心に負けずに、自分の心身の状態を一瞬で変えるスキルである。

私のセミナーでも、それが基本中の基本になっている。参加者は、変化を恐れ、「そんなことはできない」と思い込んでいる状態から、成功を信じて、着実に行動を起こせる状態に自分を持っていくスキルを身につける。

短期間で自分を変えられる――この能力は人生の様々な場面で威力を発揮するのだが、そのありがたみは、自分で実際に経験してみないとわからないものだ。

二番目に必要なのは、**どんな環境でも、着実に心身の状態を変えるスキル**である。以前は気詰まりに感じていた環境でも、心地よく感じられるようになるまで状態を調整していけばいい。

三番目は、意識して何かをするのではなく、いつでも「いい気分」でいられる焦点の当て方、生理機能の生かし方が自然にできるようになることである。

私は、「成功とは、山ほどの喜びと、ほんのちょっとの苦しみを味わいながら人生を満喫すること」だと思っている。そして、そういうライフスタイルを通して、周囲の人たちにも山ほどの喜びを与えることだと思っている。大きな成功を手にしながら、苦しみから抜け出せない人や、周囲に不幸な人が多い人は、真の意味で成功者とはいえない。

そして、四番目に目指すべきことは、他の人の心身の状態も一瞬で変えられるようになることである。どんな環境であっても、その人がそれまでとは違った人生を歩めるようにしてあげることだ。

この章を読んだなら、**人生を生きていく上で大切なのは、ものの感じ方を変えること**だと、心に刻みつけてほしい。

人間の感情は、脳の中で起こっている生化学的な嵐に過ぎず、いつでも、自分の好きな時にコントロールできる。今この瞬間に、恍惚感に浸るか、憂うつになるか、とことん落ち込むか、すべては本人次第なのだ。

「自分で自分を」気持ちよくさせるには

人間はいつも苦痛を排除し、少しでも心地よくなるための戦略を練っている。とはいうものの、その中のどれ一つとして、絶対的なものはない。

だからこそ、いつでも、どこでも、気持ちよくなれる方法をいくつも用意しておかなければならない。

ところで、**「自分で自分を気持ちよくさせる方法」**を、あなたは知っているだろうか。

おかしな質問に聞こえるかもしれないが、真剣に考えてみてほしい。一瞬で気持ちよくなれる、具体的で、効果的な方法を身につけているだろうか。しかも、食べ物やアルコール、麻薬、タバコなどの習慣性のあるものに頼らない方法でなければならない。

もちろん、いくつかはあると思うが、それをもっと増やしてほしい。まず、すでにいくつか実践している方法があれば、それを書き出しておこう。そして、まだ試したことはないけれども、自分の心や身体の状態をよい方向に変えてくれそうなものを書き加えておく。

少なくとも十五個思いつくまで、あきらめないで頑張ること。理想を言えば、二十五個はほしいところだ。このリストづくりは、チャンスがあれば、何度か繰り返し行なってほしい。最終的な目標は百個だ。

一瞬で〝心が沸き立つ〟リストづくり

自分でリストをつくってみると、私自身は「音楽を聴く」と、最も効果的に心身の状態を変えられることがわかった。もう一つは「読書」で、本を読むことで焦点を移すことができる上に、私は新しいことを学ぶのが大好きで、教育的なものや、情報が詰まった本なら、すぐにでも実生活に応用できるからだ。

身体を動かすのも、短時間で力を発揮できる状態に変わりたい時に有効だ。音楽をかけながら、エクササイズマシンで身体を鍛えたり、五マイル（八キロ）の坂道をジョギングしたり、泳いだりもする。

その他には、ダンス、好きなＣＤに合わせて歌う、コメディ映画を見る、コンサートに行く、学習用のテープを聴く、ジャグジーに入る、ゆっくり風呂に入る。妻と愛し合い、家族そろって夕食をとりながら、大切な話をする。子どもたちや妻を抱きしめ、キスしたり、妻と映画を見ながら、一緒に泣いたり笑ったりする。

新しいアイデアを考え、新しい会社をつくり、新しい概念を構築する。今やっていることに磨きをかける。何かを創造する。友だちと馬鹿話をする。人の役に立つことをする。セミナーをする（とくに大規模なもの）。記憶を研ぎ澄まし、最近のことでも、ずっと以前のことでも、素晴らしい体験をできるだけ鮮明に思い出す。まだまだある。

大切なことは、**自分が気持ちよくなる方法のリストをどんどん充実させること**。そして、自己破壊につながるような方法には見向きもしないことである。

もし、「苦しみ」と「有害な習慣」を結びつける一方で、「喜び」と結びついた行動をどんどん増やしていけば、喜びにあふれる人生が手に入る。

毎日欠かさず、「自分が気持ちよくなること」を考えよう。ただ漠然とそうなることを願うのではなく、自分自身の手で〝最高の気分〟を実現させよう。

3章

人生の〝主導権〟を手放すな

——自分の運命を見えないところで操る「5つの鍵」とは？

Awaken the Giant Within

人の行動の「裏」に隠されている〝秘密の設計図〟

人間の行動の秘密を解き明かし、人生をよりよいものにするための「解決策」を提供すること――それが私の仕事だ。行動の裏に隠された「なぜ」を探り出し、その人の核となる「信念」や「価値観」が行動とどう関わっているかを明らかにする。

私は、「測定可能な結果」をアッという間に出してみせることを得意とし、「変化」を起こすにはどのポイントで介入すべきか、瞬時に察知する術を心得ている。

まるで名探偵シャーロック・ホームズのように、些細な手がかりから人間の行動の謎を暴き、まだ銃口から煙の出ている拳銃のような明々白々な証拠を、見つけ出すことができる。

証拠がわずかしかなければ、さらに捜査が必要なこともある。だが、多種多様に見える人間の行動も、いくつかのパターンで説明ができてしまう。だからこそ、私はこれまで大きな成功を収めてきた。
この原則を理解できれば、人に影響を及ぼし、積極的な行動を起こさせるだけでなく、その人が今、なぜそのような行動を取っているのか、手に取るように理解できる。

多くの人が気づいていない「人生を左右する力」

私たちは、毎日、様々な出来事に雨あられと遭遇する。それらの出来事をどう評価するかには、その人ならではの「哲学」がある。そして、その哲学に「人生を左右する力」があるとは思いもしない。

自分の価値判断の基準を知り、それを人生がうまくいく方向へコントロールしていく——それが本書の目的である。自分の感情や行動を、自分の思うがままにコントロールする力を、あなたにもぜひ身につけてほしい。

また、自分以外の人、たとえばパートナー、子ども、上司、同僚、取引先の相手がどのような価値基準で動いているかがわかれば、その人の本質がわかる。「相手がなぜ、そんな行動を取るのか」、その理由を理解することができ、他人にイライラさせられることもなくなる。

子どもがぐずるのは、性格がひねくれているからではなく、眠いからだ。

結婚生活では、毎日のストレスに負けることなく、二人の絆を強め、互いに支え合っていくことが大切だ。もしパートナーが仕事のストレスを家庭で発散させたとしても、そのことで結婚生活が破綻するわけではない。それは「愛する人を支えるために、もっと心を砕き、手を差し伸べなければならない」ということなのだ。

たった一日で株価の動向がわかるわけがないように、たった一つの出来事で、一人の人間を判断することはできない。

歪んだ〝評価〟が暴走する時

行動は、その人のすべてではない。

人を理解するには、その人の「価値基準」を理解することだ。そうすれば、その人の「考え方」がわかる。

どんなことに意味を見出し、何を大切に生きているかは、人それぞれだ。

テニスの試合で、下手くそなサーブをしたとしよう。ベテランのあなたは「大失敗をした」と思うかもしれないが、経験の浅い相手の選手にしてみれば「最高のショット」ということもある。線審の立場から言えば、そのボールはよくも悪くもなく、単に「イン」か、「アウト」かというだけだ。

下手くそなショットの後、たいていの人は自分の無能さを嘆くものだ。そして、「どうせ、自分はいつもダメだ」という方向に〝一般化〟していく。

そして、「ひどいサーブだ」が、やがて「大事なサーブをものにできなかった」に変わる。さらに続けて何本かサーブに失敗すると、「大事なサーブをものにできなかった」は、「サーブがうまくいったためしがない」や、「どうせ僕は大した選手じゃない」となり、さらに「何をやっても、まともにできない」から、ついには「僕は最低の人間だ」になる。

ここまでくると滑稽《こっけい》に思うかもしれないが、実は人生でも同じようなことが頻繁に起こっている。自分の評価や判断基準が偏《かたよ》って、文字通り暴走し始めると、自己批判・自己否定の〝どつぼ〟に、はまってしまうのだ。

成功者は「判断力」が図抜けている

いわゆる成功者に共通している特徴とは、**評価力が優れている**ことだ。ビジネス、政治、法律、芸術、人間関係、健康、宗教など、どんな分野であっても、〝一流〟と言われる人は、どのようにしてその境地に達したのだろう。

『議論に絶対負けない法』（三笠書房刊）を著した弁護士のゲーリー・スペンスは、担当した裁判でほぼ無敗を誇る。世界で最も偉大なエンタテイナー、ビル・コスビーは、ステージに上がるたびに観客を大笑いさせる。『オペラ座の怪人』をはじめ、ミュージカル音楽の作曲で大成功を収めたアンドリュー・ロイド＝ウェバーの音楽が〝恐ろしいほど完璧〟なのは、なぜなのか。

つまるところ、彼らは自分の専門分野で**的確な判断ができる人**たちということだ。スペンスは、何が人間の感情と意思決定に影響を及ぼすかをよく知っている。コスビーは、身近な話題で人を笑わせる時に気をつけるべき基準やルールを持っている。ウェバーの卓越した旋律作法、オーケストレーション、編曲の力は、聴く人の心に響く作品を生み出す。

自分より成功している人は、自分とは違った評価と判断の「基準」を持っている。

価値判断のよし悪しが人生に与える影響は、ホッケーや投資とは比較にならない。毎晩何を食べるかの判断が、寿命や人生の質を左右する。子どもの育て方についての判断を間違えれば、一生後悔する。相手の判断の仕方を理解できないと、友情にひびが入ることもある。

人間を突き動かす「5つのこと」

つまり、私たちが目指すべきなのは、**「正しい選択」を可能にする「判断方法」を身につけることである**。そして、自ら人生の舵《かじ》を取り、判断方法をコントロールし、その結果、運命をも動かすことのできる簡単な方法を私は編み出した。

そこで、まずはあなたの「価値判断の基準」となっている「五つの要素」を簡単に見てみよう。

①精神状態――〝切羽詰まった時〟に正しい判断などできない

まず一つ目は、**精神状態**である。同じことを言われても、泣いてしまうこともあれば、笑ってしまうこともある。なぜなら、精神状態が違っているからだ。

怯《おび》えていたり、不安定な精神状態の時と、高揚した精神状態の時とでは、窓の外の足音や、ドアのきしむ音を耳にした時の反応は全く違ってくる。ベッドに潜り込んでガタガタ震えるか、両手を広げて部屋から飛び出して相手を迎えるかは、その音をあなたがどう判断するかによって決まる。

切羽詰まった精神状態では到底、正しい判断などできるわけがない。何かを判断する時は冷静な時にすることだ。

②自分への「質問」――「今、起きていること」の意味を探る

判断基準の二つ目は、**自分自身への「質問」**である。

たとえば、誰かをデートに誘う時、「この人と仲よくなれたら、楽しいだろうか」と自問する人は、きっと積極的にアプローチするだろう。しかし、「断られたり、嫌われたりしたらどうしよう。自分が傷ついたらどうしよう」と自問すれば、声をかけるのをためらい、素敵な人と親しくなるチャンスをみすみす逃してしまうだろう。

夕食に何を食べるかも、どのような質問をするかで決まる。

「手っ取り早く食べられて、腹がふくれるものは何か」と考える人は、コンビニで買うか、い

わゆるジャンクフードを選ぶことが多くなるだろう。

しかし「今、私に必要な栄養を含んでいる食べ物は何か」と問いかけるなら、フルーツ、フレッシュジュース、野菜、サラダなどを選ぶ可能性が高い。スナックを選ぶか、新鮮なジュースを選ぶか。その判断があなたの肉体の質を左右する。

普段、自分にどんな質問を投げかけているかが、いかに重要か、わかるだろう。

③価値観――「快感」と「苦痛」の〝力関係〟を理解する

判断基準の三つ目は、どんな**価値観**を持っているかである。

繰り返しになるが、生きている限り、人は誰しも快感を求め、苦痛を避けようとする。しかし、いろいろな経験を積むうちに、何が快感で、何が苦痛かに「個人差」が出てくる。

たとえば、「平穏無事な生活が何よりだ」という人もいれば、「そんな安全第一の人生は、面白みも自由もなくて、息苦しい」と思う人もいる。成功したいが、人から拒絶されることだけは何としても避けたいと思う人もいる。

どういう価値観を形成するかが、あなたの人生を形づくる。**「快感」**（愛、楽しみ、思いやり、ワクワク感など）と**「苦痛」**（屈辱、欲求不満、憂うつ、怒りなど）という二つの精神状態の力関係が、あなたの人生の方向性を決めるのだ。

④信念――「自分が人生に何を期待すべきか」がわかる

四つ目の判断基準は**「信念」**である。**信念**は、自分自身について、人生について、そして人々について、「自分が何を期待すべきか」を教えてくれる。信念は私たちの「ルール」になる。

たとえば、「愛する人に向かって声を荒げる人はいない」という信念を持つ人は、相手に向かって大声を出すような人とは愛のある関係は築けないことになる。

その他にも、「成功すれば何百万ドルも稼げる」や、「よい親は子どもと衝突することはない」という信念、ルールを持つ人もいる。

どのような信念を持つかで、人生に何を期待するかや、判断の下し方も左右される。また、どんな時に苦痛を経験し、あるいは快感を経験するかが決定される。「信念」はあらゆる判断に欠かせない要素である。

⑤参照データ——これまでの「経験値」の集積

そして判断基準の五つ目は、「脳」という巨大なファイル・キャビネットにある**「アクセス可能な参照データの集大成」**である。ここには、**それまでの人生で経験したことや想像したこと**など、すべてが保存されている。

たとえば、十六歳の時にスカイダイビングをマスターした人と、新しいことは片端から拒絶してきた人とでは、「冒険」についての考え方が全く異なっているだろう。マスター、達人と呼ばれる人は、何が成功につながり、何がフラストレーションを引き起こすか、という〝参照データ〟を大量に持つ人だと言える。

参照するべきデータが多ければ多いほど、達人になれる可能性は大きい。あなたにも、毎日、新しいデータを手に入れるチャンスはいくらでもある。それが信念を深め、価値観を高め、新たな問いかけをし、目指す方向へ歩みを進め、幸運を引き寄せるのを助けてくれる。

本書では、あなたが人生で下す価値判断の基準となる、これら「五つの要素」にわずかな変化を起こすことで、人生がドラスティックに変わる方法を教えていく。それを試すにつれ、人生のあらゆる面で、考え方、感じ方、行動の仕方が劇的に変わり、人生そのものが一変していくだろう。

精神状態、自分への「質問」、価値観、信念、参照データ——そのいずれかをほんの少し変えるだけでも、価値観が変わり、新しい視点が手に入り、うまくいかなかった古い信念は、脳内のコンピュータに、もはや受け入れられなくなる。それは全く新しい運命を形づくる強烈なきっかけになるだろう。

「結果」を変えたいなら〝原因〟に意識を向ける

私が気に入っている話を紹介しよう。

川岸に男が立っていた。突然、急流に流され、助けを求める人の声が聞こえた。男は川に飛び込み、男を助け、人工呼吸をし、傷の手当てをし、医者を呼んだ。まだ息も整わないうちに、男はまた助けを求める叫びを聞いた。男は再び川に飛び込み、次から次へと流されてくる人を助けた。しかし、叫び声は一向に途絶える気配がない。

もし、彼が少しだけ上流に移動してみれば、一人の男がまわりの人々を川に突き落としているのを発見できただろう。つまり「結果」だけを見るのではなく、「原因」を排除すれば、彼はそれほど苦労せずに問題を解決できたのである。

それと同様に、自分の「価値判断の基準」を理解することは、「結果」を変えようと無駄な努力をすることなく、「原因」を取り除くのに効果がある。

先にも述べた私の三日間の**「デート・ウィズ・デステニー」セミナー**（以下、DWDセミナー）は、そのための最高のプログラムだ。このセミナーだけは、参加者を二百名に絞っている。DWDセミナーでは、参加者一人ひとりが自分の判断基準の成り立ちを正確に理解することを目指す。それによって、人は劇的に変わる。突然、自分がなぜそのように感じるのか、なぜそのように行動するのかが理解できるからだ。

さらに、DWDセミナーでは、**「人生のほぼすべてのことは変えられる」**ことを学ぶ。一番重要なのは、人生の〝最終目標〟を達成するために必要な「新しい判断基準」を自ら設計することだ。相反する価値観や信念、ルールによって混乱することなく、自らが望む方向へと苦もなく進んでいくためには、どうすればよいのか。

プログラムの中でも、最も重要な問いかけは次のようなものだ。

「私をコントロールしているのは、どのような価値観か。自分にふさわしい価値観は、どのようなものか」

〝脳内のデータ〟を一瞬でアップグレードする法

DWDセミナーの参加者の中には、アメリカ上院議員、下院議員、『フォーチュン五〇〇』

に選ばれた世界経済を動かす企業のＣＥＯ、映画スターをはじめ、あらゆる職業の人がいる。どんなに成功していても、全員に共通している課題は、失望やフラストレーション、失敗、そして自分ではコントロールできない身のまわりの出来事にどう対応するかということだ。

感情や行動は、自分が出来事や物事をどう評価・判断するかに左右される。しかし、多くの人は自分なりの判断システムを確立できていない。

たった三日間のＤＷＤセミナーで参加者が経験する大きな変化は、なかなか言葉では言い表わせない。文字通り**一瞬にして、自分の人生についての考え方と感じ方が変わってしまう**のだ。

「何が一番に優先されるべきか」、その判断基準が脳内で更新されれば、変化は感情と肉体の両面に表われてくる。

本書はＤＷＤセミナーの代わりにはならないが、プログラムの中で使うのと同じ基本ツールを紹介したいと思う。すぐに使えるツールなので、今この瞬間から、自分の人生に同じような変化をもたらすことができるはずだ。

この〝刺激的な４つの質問〟にどう答えるか？

自分の「価値判断の基準」（私はこれを**マスターシステム**と呼んでいる）が、どう働いているのか、理解を深めるために、いくつか、刺激的な質問をしてみたいと思う。それによって様々な思いが湧き上がり、どのような要素が「意思決定」に使われるかが、わかるはずだ。

読み進む前に、次の質問に答えてほしい。

1 あなたの一番大切な思い出は何ですか。

2 一人の罪もない人間を殺せば、世界の飢餓を終わらせることができるとしたら、あなたは殺しますか、殺しませんか。それはなぜですか。

3 赤いポルシェにぶつかって、傷をつけてしまったが、誰にも見られていません。あなたはメ

モを残しますか、残しませんか。それはなぜですか。

4 ボール一杯の生きたゴキブリを食べたら一万ドルあげると言われたら、あなたは食べますか、食べませんか。それはなぜですか。

では、あなたの答えを見てみよう。

一つ目の質問に答える時、83〜87ページであげた五つの判断領域（①精神状態、②自分への「質問」、③価値観、④信念、⑤参照データ）のうち、どれを使っただろうか。

もちろん判断するには、まず自分に「質問」する必要があるが、この場合は、私の質問をそのままの言葉で自分に問いかけたはずだ。そして、これまでの人生の経験値の集大成である「参照データ」に照会し、「一番大切な経験」を選び出すだろう。

中には「一番大切な思い出」を選べない人もいる。「すべての経験が大切だ」とか、「一つだけ選ぶと、他の経験をないがしろにしているようだ」という考えの持ち主は、この手の質問には答えられないだろう。

つまりマスターシステムとは、「何をどう評価・判断するか」だけでなく、「どんなことであれば評価・判断したいか」ということまで決定してしまうのだ。

二つ目の質問は、グレゴリー・ストックの『質問の本』で読んだもので、かなり過激だ。

私がこの質問をすると、過激な答えが返ってくる。「もちろん殺す」と答える人がいる。彼らの理屈は、「多くの人の命は、一人の命よりも重い」ということだ。つまり、「一人が喜んで苦しみを受けることで、世界中から苦しみがなくなるなら、それは正しい」という考え方だ。

これを聞いて、愕然とする人もいる。彼らは「すべての人の命は等しく尊い」と考える。それもまた、一つの考え方だ。

また、「人生はあるがままに生きるべきだ」という信念の持ち主は、「彼らが飢えているのは、次に転生する時のための大切な準備なのだ」と考える。また中には「そうだ。私がやろう。死ぬのは私自身だ」と言い出す人もいる。

同じ質問に対して、こうも反応が異なるのは、非常に興味深い。

これらは、すべてマスターシステムの違いから起こっているのだ。

三つ目の質問はどうだろう。

赤いポルシェに傷をつけたら「メモをもちろん残す」と答える人は、「正直であること」に最大の価値を置いている。他にも「もちろん」と答える人がいるが、彼らは「罪悪感を持ちたくない」という理由からそう答えている。メモを残さないでその場を立ち去ると、罪悪感に苛まれるからだ。
「私ならメモは残さない」と言う人に、その理由を訊ねると、「以前に何度か私の車に傷をつけられたことがあるが、メモを置いていった人など一人もいなかったから」と答える。つまり「人からされたことと同じことを人にもせよ」という個人的な参照データを持つようになったからというわけだ。

四つ目の質問に対して前向きな答えを出す人は、ほとんどいない。なぜなら、ゴキブリに対するイメージや、身体が覚えているゾッとする感覚が非常に否定的なものだからである。

しかし、金額を上げてみたらどうだろう。**十万ドルもらえるなら、食べてもいい人は何人いるだろうか？**　さっきまでイヤだと言っていた人が、ポツポツと手を挙げるようになる。

なぜ、十万ドルならいいのだろう。理由は二つある。一つは、金額を変えるだけで、全く違う質問になったこと。二つ目は、十万ドルあれば、かなりの問題を解決できること。生きたゴキブリがのどをカサコソ通り過ぎるのはわずかの時間だが、いつまで続くかわからない苦痛に耐えるほうが、もっとつらいかもしれない。

百万ドル、あるいは一千万ドルではどうだろう。急に参加者の多くが手を挙げるようになる。一千万ドルがあれば手に入れられる安楽な生活を思えば、ほんのわずかな時間だけ苦しいのを我慢するほうがいいと思うのである。

しかし中には、いくらお金を積まれても、生きたゴキブリを呑み込むなんてゴメンだという人もいる。理由を訊ねると、「生き物を殺すのはイヤだ」とか、「因果は巡る」と答える。

ある人は、お金のためではなく、「面白そうだからゴキブリを食べてもいい」と言っていた！彼は、いろいろな昆虫を〝珍味〟として楽しむ習慣のある国で育っていた。

このように、人はそれぞれ異なる「参照データ」をもとにして、異なる判断をする。何とも面白いではないか。

「運命をパワフルに動かすシステム」の構築法

「マスターシステム」という五つの判断基準を学ぶ時、忘れてはならないことがある。それは何ごとも「過ぎたるはなお及ばざるがごとし」ということだ。

人間は比較検討や分析をするのが大好きで、死ぬまでやっている。しかし、**どこかの時点で決断し、行動に移さなければならない。**

たとえば、あまりに多くの時間をかけて比較検討、評価をしているうちに、大して重要でもない決定が重大な決断に見えてくる。そうなれば、誰も定期的にエクササイズして身体を鍛えることすら、できないだろう。

あまり微に入り細をうがった比較や判断に時間を割くことは避け、「大きな一歩」を踏み出せば、目指す結果はすぐにでも手に入れられる。

本書では、判断システムについて分析していくが、それはあなたが「ああだ、こうだ」と逡《しゅん》巡《じゅん》するためにではなく、**「実際に活用する」ために**だ。読み進むにつれ、今まで実現不可能と思っていた「変化」を起こすチャンスが目の前にあると気づくだろう。

ズバリ言おう。私はこれから、今あなたが持っている判断システムを明らかにし、あなたの**運命をパワフルに動かしていく「マスターシステム」の再構築**を指導していく。

なお、「精神状態」や自分への「質問」については、『アンソニー・ロビンズの運命を動かす』にくわしい。

そこで、以下から「マスターシステム」の三つ目にあたる「価値観」について見ていこう。

4章

自分の「羅針盤」のつくり方

――「優先順位」がはっきりすれば、迷わない・動じない！

Awaken the Giant Within

「価値観」が人生すべての決断を左右する

「価値観」はすべての決断を左右する。それはすなわち、運命を左右するということだ。自身の価値観を知り、それに基づいて生きる人々は社会のリーダーになる。会社にも、学校にも、その素晴らしい実例はいくらでもある。

たとえば、ジェイミー・エスカランテという熱血数学教師を描いた『落ちこぼれの天使たち』という映画がある。「学ぶことの喜び」を生徒たちに伝えた彼の勇敢で高潔な取り組みに、私は非常に感銘を受けた。

荒れた高校に赴任してきたベテラン教師のエスカランテは、「どうせ落ちこぼれだから、できっこない」と他の誰もが信じて疑わなかった生徒たちに「やればできる」という自信とプライドを植えつけた。彼の献身的努力は、価値観の持つ力を生徒たちに伝えた。教師の自制心、自信、チームワークの大切さ、順応性、絶対的な強い意志から生徒たちは多くを学んだのだ。

彼がヒスパニック居住区に住む生徒たちに、「人生で何をすべきか」について語って聞かせることはなかった。代わりに**「自分には何ができるか」**を考えさせ、それを明確にさせるための〝生きた手本〟となった。

彼の指導によって、生徒全員が微積分のテストに及第しただけでなく（ほとんどの人が「そんなことは無理」とサジを投げていた）、自尊心が育ち、上を目指して努力し続ければ未来の可能性を大きく広げていけることも学んだのだ。

「自分が拠《よ》って立つ」ところを明らかにする

より深いレベルで人生の達成感、充足感を得たいのなら、このエスカランテと同じやり方をするしかない。

つまり、「自分の人生で大切にしているものは何か」「何に一番の価値を置いているか」を明確にし、その価値基準に違《たが》わない生き方をすべく、一日も欠かさず努力するのだ。

残念ながら、最近の世の中では、こんな生き方をする人間はほとんどいない。多くの人は、自分にとって何が大切か、よくわかっていない。何か問題が起きても、煮え切らない態度で物事を曖昧なままにしておき、自分の立場を明確にする人は少ない。

人生で大切なものは何か、自分の拠って立つものは何かが明確でなければ、自尊心も確立できず、効果的な決断などできるはずがない。

「結論を出すのが難しい」と思えた経験があるのなら、「その状況下で何が最も重要か」を明確にしていなかったからだ。

忘れてはならないのは、**意思決定とは、すなわち「価値観の明確化」**ということだ。


「自分にとって大切なことは何か」を自覚していれば、決断するのは簡単だ。ところが、多くの人はそれを明確にしていないため、意思決定は葛藤の連続である。人生で最も重要なことは何か、信念や原理原則をはっきりと定義している人は、そのような葛藤とは無縁である。

私たちから最も敬愛と尊敬を集める人物とは、どんな人だろうか。堅固で揺るぎない価値観を持ち、それを公言するだけでなく、実践している人ではないだろうか。自分の信念を貫く人に対して、その信条に同意できる・できないはあっても、私たちは敬意を表する。

「人生哲学」と「行動」が一致した人生を送っている人は力強い。

「価値観が一貫している」と誰の目にも明らかな人は、社会に非常に大きな影響力を持つのだ。

「最高の理想」を追うのに遠慮はいらない

私たちの人生は、まるで磁石に引っ張られるように「価値観」に導かれていく。その力は常に眼前にあって、私たちの人生の行方を決め、「最終到着地」へと道案内をしている。それは個人だけでなく、企業、組織、国家にも当てはまることだ。

アメリカという国が、「建国の父」たちが大切にしていた価値観によってつくられたことは明白だ。自由、平等、共同体の意識、勤勉、個人主義、挑戦、競争、困難を克服した人々への敬意。こうした価値観が、アメリカ人の生きざまと国の運命を形づくっている。

この価値観があるから、アメリカは常に革新的であり、世界中の人々に「可能性」という未来図を示しながら発展してきた。

もし、国家としての価値観や文化的背景が違っていたら、アメリカという国は、今とは全く違った国になっていたのだろうか？　その通り。もし「建国の父」たちが〝安定〟や〝服従〟

に価値を置いていたなら、アメリカは、全く違う顔を持った国になっていたはずだ。

自分はいったい「どんな人間」になりたいのか

仕事でも、私生活でも、また世界を相手にする場合でも、**人生において何が大切かを明確にし、たとえ何が起ころうとも、その価値観に従って生きることを決断**しなければならない。

まわりから見返りが得られるか否かといった次元を超えて、自分の中に「一貫性」を持つこと。計画が台無しになったとしても、誰も助けの手を差し伸べてくれなかったとしても、人は自らの信条や原理原則に従って生きなければならない。

幸福を長続きさせるには、最高の理想に従って生きていくしかない。そして、「自分の人生はこうあるべきだ」と思ったら、常にそれを目指すことだ。

そのためにも、**自分の「価値観」を明確にする**ことだ！

多くの人にとっての最大の悲劇は、「欲しい物」が何かはわかっても、「どんな人間になりたいか」について全く考えていないことだ。

「物」を手に入れても、充足感は得られない。自分が「正しい」と信じていることを実践することで、初めて精神的な強さが身につく。そして、それは誰にでもできることだ。

今、ここで頭にたたき込んでほしい。それが何であれ、**自分の価値観だけが運命を導く「羅針盤」になる**のだと。

この心の中にある「羅針盤」を賢く活用しなければ、欲求不満、失望、達成感の欠如、そして「自分の人生は、こんなものではないはずだ」という、不完全燃焼感がつきまとうだろう。

それとは反対に、自身の価値観に忠実に生きることは、驚くべき力を生む。それは確信に満ちた感覚であり、心の平穏であり、完全な調和である。そして、この感覚を経験できる人は、そう多くはない。

〝空虚感〟を埋める確実な方法

この先ずっと幸福で、充実した人生を送るには、自身の「価値観」に従って生きるしかない。さもなくば人生で激痛を経験することになるだろう。

喫煙、飲酒、過食、テレビの見過ぎなどを習慣にしていれば、人生は失望と挫折の連続となり、健康を害することにつながる。

ここで問題なのは、こうした行動が、充実した人生を送れないことによるフラストレーションや怒り、空虚感に起因していることだ。空虚感から目をそらし、「手っ取り早く」満足感を与えてくれるもので心の隙間を埋めようとしているのだ。こうして悪しき行動は習慣化し、「原因」は一向に取り除かれないという悪循環が起こる。

問題は、「酒の飲み過ぎ」ではなく、「価値観」にあるのだ。酒を飲むのは、その時の精神状態を変えたいからなのだ。そういう人は、人生で本当に大切なものが何かを知らない。

私たちは〝最高の基準〟に従って生きている時、そして価値観を満足させる生き方をしている時には、大きな喜びを感じるものだ。この時、必要以上の食べ物や飲み物はいらない。そんなものがなくても十分に人生を豊かにできるのだから、正体をなくすほど暴飲暴食する――それではまるで、楽しいはずのクリスマスの朝に睡眠薬を飲んで寝てしまうようなものだが――必要はない。

困ったことに、人生を形成する最も重要な部分がつくられている時、私たちはすっかり眠りこけていた。価値観の大切さも理解できない子どもであり、大人だったとしても、人生のプレッシャーに押しつぶされて、価値観を確立するどころの話ではなかった。

何度も言うようだが、**すべての判断は価値観によって導き出されるが、多くの人は、その価値観を築き上げてこなかったのだ。**

「人生で大切なこと」を10個、大切な順番に並べてみる

もし、「人生で大切なことを十個、大切な順番に並べてください」と言われて、きちんと書ける人は一万人に一人ぐらいだろう。この質問にしっかりと答えられないのに、明確な判断を下せる人がいるだろうか。

最終的に「自分の心を満たしてくれるもの」を選ぶためには、〝目標の明確化〟が必要だ。自分が大切にしている「価値観」を知り、それを実践することが重要なのだ。

なかなか重要な判断を下せない時は、自分の価値観が明確になっていないからだと自覚すること。たとえば転職の話があったとする。転職すれば、家族を連れて知らない土地に引っ越さねばならない。そして転職先の仕事は、多少のリスクはあるが、給料は上がり、仕事も面白そうだ。

さあ、あなたならどう決断する？

答えは、あなたにとって「人生で何が一番大切か」によって違ってくる。個人的な成長か、それとも安全な生活か。冒険か、安楽な毎日か。

「目的」と「手段」をはき違えない

自分にとって大切なものとは、「価値」があるものだとも言えるだろう。

この、あなたにとって大切な「価値あるもの」には、**「目的」**と**「手段」**の二種類がある。

「あなたが最も価値を置くもの、大切にしているものは何ですか」と聞かれれば、たぶんあなたは「愛、家族、お金……」と答えるだろう。

もちろん愛は、あなたの最終「目的」ではある。言い換えれば、あなたが望む精神状態である。逆に、家族とお金は単なる「手段」としての価値でしかない。言い換えれば、あなたが心から望んでいる精神状態を実現するための一つの方法に過ぎない。

「家族はあなたに何を与えてくれますか」と聞かれれば、たぶんあなたは「愛、安心、幸福」と答えるだろう。つまり、あなたが本当に大切にしているもの――あなたが追いかけている目標――は、「愛と安心と幸福」なのだ。

お金についても、同じように「お金はあなたにとって、どういう意味を持っていますか」と聞かれたら、あなたはたぶん「自由、影響力、人の役に立つこと、安心」と答えるだろう。要するにお金は、より重大な価値、つまり、「人生において、常にそうありたいと願っている精神状態」を実現するための「手段」に過ぎないのである。

自分の「本当の望み」から目をそらすな

人生の難しいところは、多くの人が「目的」と「手段」の違いをはっきりと理解していないために、いろいろと苦労していることだ。**「手段」にばかり拘泥《こうでい》して、本当の望み（目的）を叶えられないことが多い。**

「目的」に向かって生きる時、人は満足感を覚え、人生は豊かで、実り多いものになる。

最大の問題は、「人生で本当に価値のあるものは何なのか」がわからないまま、目標を設定していることだ。その結果、目標を達成した時、彼らはこう言う。

「たった、これだけ？」

たとえば、「思いやりを持ち、世の中の役に立つこと」に最大の価値を置いている女性が、困っている人たちを助ける弁護士の仕事ぶりに感銘を受け、自分も弁護士になることにしたとする。

時が経ち、彼女は弁護士事務所のパートナーになりたいと考えた。そのための努力を重ねるうちに、彼女の仕事は全く違う方向へと進み始める。彼女は誰よりも大きな成功を収めたが、事務所の経営に忙殺されて依頼者と接する機会が少なくなり、仕事が楽しくなくなった。同僚との関係も変わり、効率よく仕事をさばくための会議に明け暮れた。

彼女は「目標」を達成したが、「人生で本当に望んでいたもの」を手に入れられなかった。

あなたも「目的」ではなく、「手段」を追求するという罠《わな》にはまってはいないだろうか。

本当の幸福を手に入れるためには、目的と手段の違いを知り、目的を追求することだ。

何を優先させれば「幸せ」を実感できるのか

あなたも私も、常に「心地よい精神状態」を目指していることは論を俟《ま》たないが、人によってどんな感情に価値を置くかには違いがある。

たとえば、あなたが最も価値を置いている精神状態とは、どのようなものか。最大の喜びをもたらしてくれる感情とは何か。愛か、成功か？　自由か、親密さか？　冒険か、安全か？

どんな感情、心の状態でいることが、自分にとって望ましいだろう。セミナーでこの質問をすると、参加者からは、だいたい次のような反応が返ってくる。

◆愛
◆成功
◆自由

◆親密さ
◆安全性
◆冒険
◆力
◆情熱
◆安らぎ
◆健康

これらがどれも大切だというのは、恐らく真実だ。しかし、すべてを同じぐらい大事にしているというわけではないはずだ。どの感情・状態をより望ましいと思うか、優先順位があるに違いない。そして、それが意思決定の瞬間にものを言う。

「情熱」より「安らぎ」が上位にくる人もいれば、「自由」より「安全」、「親密さ」より「成功」を優先する人もいる。

右のリストを見て、あなたが「大切にしたい感情・状態」を選び、優先順位をつけたリストをつくってみてほしい。

人生を〝矛盾だらけ〟にしないための「主軸」

「大切にしたい感情」を並べ替えてみて、何かわかったことがあるのではないだろうか。もし私があなたのリストを見たら、きっと有意義なアドバイスができるだろう。

たとえば、あなたのリストのトップが「自由」で、その後に「情熱」「冒険」「力」と続いていたとする。すると、あなたが下す判断と、「安全」「安らぎ」「親密さ」「健康」を上位に置いた人が下す判断は、きっとかなり違ってくるだろう。

「自由」に価値を置いている人と、「安全」に価値を置いている人が、同じような判断をするはずがない。同じような車を選び、休暇には同じような場所に旅行し、同じような仕事に就くだろうか。それは考えられないことだ。

思い出してほしい。「価値観」こそが、あなたの人生、運命を左右するのだ。人生経験を積むうちに、私たちはある感情が、他の感情より好ましいと感じるようになる。

たとえば、「自分の思い通りになった時に、最も気分がいいと感じる」ことに気づいた人は、恐ろしい勢いでそれを実現しようとする。

誰とつき合うか、つき合う時に何をするか、どのように生きるか。何をするにも、「自分の思い通りにすること」が一番大切になる。そのため、自分がその場を取り仕切っていないと、居心地が悪いと感じるようになる。

また、管理されることを嫌う人もいる。そういう人は、自由や冒険に何よりも価値を置く。その他にも、人の役に立つことに価値を置いている人は、いつも「何かほしいものはありませんか。どうすれば、もっと改善できますか」と聞いてまわるだろう。〝仕切り屋〟とは正反対の方向性と言える。

「自由な生き方」と「親密な関係」は両立できない!?

自分の価値観、どんな感情・状態をより望ましいと思うかがはっきりしたら、なぜ自分がいつも同じ方向に向かって進んでいるのかがよくわかる。そして、その優先順位のリストを見れば、なぜいつも自分は決断に苦労したり、人生で矛盾が生じがちなのかも理解できる。

たとえば、「自由」を何よりも愛しているものの、二番目に「親密さ」を大切にしている人がいるとする。実は、「自由」と「親密さ」は相容れないため、この人は人生で難しい課題にぶつかりやすくなる。

実際、私は、「自由」と「親密さ」のせめぎ合いに苦しむ人の相談に乗ったことがある。彼はいつも独立独歩の生き方を目指すのだが、それが実現すると孤独感に苛《さいな》まれ、人恋しくなる。そこで親密なつき合いを始めれば、今度は「自由を奪われるのではないか」と不安になり、つき合いをやめてしまう。

しかし、私が少し手を貸して、どんな感情・状態を優先させるか、その順位を入れ替えてあげただけで、彼の人間関係と人生は瞬時に変わった。

自分の価値観を知れば、自分の行動の理由を知り、より筋の通った生き方ができるようになる。そして、他人の価値観を知ることも、同じように重要だ。自分以外の人間――つき合っている相手や取引相手――の価値観がわかれば、その人の判断を先読みすることもできる。

幸せに生きるためには、どんな感情・状態を優先させたいのか、知っておくことが不可欠だ。そして、**あなたが本当にやるべきことは、日々、自分の価値観に合った生き方をするために優先順位のリストをつくること**だ。

さもないと、言いようもなく空虚で、不幸せな精神状態に陥るだろう。

「心の痛み」を経験した時、人は多くを学ぶ

いつでもこんな気持ちを味わいたい、そのためなら努力するという「感情」があるように、**何が何でもそれだけは避けたいと思う感情**もある。

私が最初の会社を設立した当初、「全国各地での講演」と「会社の経営」との両立で、大きなフラストレーションを味わった。

ある時、私の代理人が不正を働いていたことがわかった。私のように、何千人もの人を相手に、文字通り何千という契約を交わすと、その中には、私を利用してやろうと考える輩《やから》が数人はいるものだ。困ったことに、そういう連中のほうが、期待以上にうまくいった取引相手よりも強く印象に残る。

そういう経験をした後、私は会社を任せられるＣＥＯを採用することにした。人の隠れた才

能を見つけ出す新しいツールを駆使して、面接のたびに候補者に次のような質問を投げかけた。

「あなたの人生で大切なものは何ですか」

「成功」「達成感」「ナンバーワンになること」と答える人が多い中、ある人物の答えは魔法の言葉のように響いた。

「正直であることです」

この言葉を確認するために、以前に勤めていた職場の人たちにも話を聞いてみると、全員が口をそろえて、「彼は非常に正直だった」と答えた。それどころか、品性を問われるような事態になれば、自分のことはそっちのけで頑張る人だった。「そういう人にこそ代理人になってほしい」と私は思った。そして、彼は申し分のない仕事をした。


しばらくすると、事業の急速な拡大に伴い、もう一人、彼の足りない部分を補ってくれる共同経営者が必要になった。そのCEOがパートナーにふさわしい人を推薦し、二人で私の会社を運営してくれた。私にとって文句のつけようのない展開だった。

この人物、仮にスミス氏と呼ぶことにするが（本人のために、名前は伏せておく）、彼は、私の前で素晴らしいプレゼンを行ない、長年かけて身につけた様々なスキルを駆使して、私の会社のレベルを一段上げると約束した。

彼がいれば、私は自由な時間が増え、より大規模なセミナーを通じて多くの人々を指導でき、しかも出張ばかりの生活を送る必要もなくなる。その頃、私は年に百五十日はセミナーのために、家を空けていた。しかも、彼は結果が出るまで給料はいらないと言っていた！

まるで夢のような話だった。私はスミス氏と、正直者のＣＥＯに会社を任せることに同意した。

なぜ私は「闇討ちに遭った気分」を味わうハメになったか

一年半経って、本当にそれは夢だったことを思い知らされた。セミナーは大規模になったが、いまや私は一年のうち二百七十日も出張していた。私自身のスキルや影響力は向上し、かつてないほど多くの人々に助けの手を差し伸べていたが、突然七十五万八千ドルの負債があると知らされた。

どうして、そんなことになってしまったのか。私は自分の耳を疑った。もちろん、経営者が適任でなかったことは明白だった。

もっと悪いことに、スミス氏はこの十八カ月の間に、会社の金庫から二百五十万ドル以上を横領していた。家の新築、新車購入は、この裏ビジネスのおかげだったに違いない。私はびっくり仰天した。「怒り狂った」とか、「大打撃を受けた」という程度の言葉では、この時の私の感情を言い表わすことはできない。

その時は、**「闇討ちに遭った気分」**とか、「一人息子を殺されたようだ」という言い方をしていた。私の精神的ショックの大きさを察してほしい。

しかし、それよりも私を当惑させたのは、正直者のCEOが現場にいながら、私に忠告してくれなかったことだった。横領を知りながら、何も言ってくれなかったのだ！

その時、私は、**人間は心地よさを求めるだけではなく、イヤなことを遠ざけようとする**ものだと気がついた。

正直者のCEOは、パートナーに不安を感じていることを私に伝えようとはしていた。三カ月間の出張が終わって、ようやく家にたどり着いた私に、スミス氏の行状に問題があると言いにきたのである。私は不安を感じ、どういうことかと訊ねた。

すると彼は「新オフィスに引っ越した時、彼は一番大きい部屋を取った」と答えたのである。あまりに些細なことだったので、私は激昂《げっこう》し、「いいかね。彼を連れてきたのは君なんだから、そんなことは君が自分で何とかすればいいだろう」と、突っぱねてしまった。

その時は、「貴重な情報を伝えようとした彼にイヤな思いをさせてしまった」という認識が私にはなかった。私は疲労困憊《こんぱい》していたため、目の前で起きていることの意味を十分に評価することができなかったのである。

さらに悪いことに、正直者のCEOは、もう一度同じような情報を伝えにきてくれたのに、私は、「そういうことは私ではなく、スミス氏本人に言うべきだ」と言い放った。

そして、私はスミス氏のオフィスに乗り込み、「君のことを彼が私にいろいろと言ってくるのだが、二人で話し合って解決してくれ」と言い渡した。彼はその後、スミス氏からどんなにイヤな思いをさせられたことだろう。

「苦痛」と「快楽」——人を動かす2つのエンジン

この時のことを思い出すと、彼がどうして本当のことを言わなかったのかが、よくわかる。私に本当のことを話すのは先延ばしにして、何とか解決方法を見つけようとしたのである。

実際、このCEOがらみのトラブルについて思い返してみると、彼が**対立を避けたい**がために、やるべきことをやらなかったことが原因だった。

彼にとって「対立すること」は最悪の状況だ。「正直であること」よりも「対立を避けること」のほうが、彼にとっては重要だったのだ。

そのために、CEOは私に伝えるべきことを伝えなかった。そのことについて私が彼に問い質《ただ》すと、「スミス氏が会社の金を横領していないかどうか」を私がCEOに聞かなかったからだと、自分を正当化した。もし私が問い詰めていれば、彼は話してくれたのだろう。

とにかく腹が立ち、経済的・精神的にも苦境に立たされたが、私はこの経験から人生で最も大切な教訓を得た。

それは人間の行動を理解するための、最後のパズルのピースでもあった。

そのピースとは、**「苦痛」と「快感」という二つの力**である。これを理解することで、自分自身や家族にプラスの影響を与えられるようになっただけでなく、世界中の人々に、より的確な助言ができるようになったのだ。

「何があっても避けたい感情」を自覚する

肝に銘じておくべきは、「次に何をするか」という判断を下す時、人間の脳は最初に、その行動が「快感」につながるか、「苦痛」につながるかを評価するということだ。

あなたの脳は絶えず物事を処理し、重要度を計り、自分の優先順位に基づいて、どのような代替案があるかを考えている。

たとえば、もしスカイダイビングに誘われたとしても、何よりも恐怖を回避したいと考えている人なら、絶対そんな誘いには乗らないはずだ。しかし、最も回避したいのが恐怖ではなく、人から拒絶されることだったら、そしてスカイダイビングの誘いを断ることで相手から拒絶されるとしたら、きっと恐怖を感じながらも、飛行機から飛び出してみせるだろう。

このように「苦痛」のレベルは、私たちの判断に影響を及ぼす。

あなたにとって、**何があっても回避したい感情・状態**とは何だろう。セミナーで参加者にこの質問をすると、次のような答えが返ってくる。

◆拒絶
◆怒り
◆失望
◆孤独
◆憂うつ
◆屈辱
◆罪悪感

いずれも、できれば味わいたくない感情ばかりである。こうした感情は苦痛以外の何ものでもないが、それでもやはり、どの感情を最も避けたいか、順位がつけられるだろう。あなたは、どの感情をより回避したいと思うだろうか。拒絶か、憂うつか、屈辱か？

この質問に対する答えが、多くの場合、あなたの行動を決定する。

回避したい感情に順位をつけて、リストをつくってほしい。

リストから、どんなことがわかるだろうか。たとえば、何としてでも回避したい感情の第一位が「屈辱」なら、人から厳しい評価をされそうな状況をまず避けようとするだろう。

また、孤独感を回避したいなら、熱心に人を育て、分け隔てなく人のために何かしようとするだろう。そうすることで、いつでも「感謝の気持ち」を持つ友人たちに囲まれて過ごすことができるからだ。

「価値観の対立」を放置しない

たとえば、あなたの最も大切にしたい感情・状態が「成功」で、最も避けたい感情・状態が「拒絶」だとしたら、人生にどのような問題が生じるか、予想できるだろうか。

私に言えることは、長期的に見れば、「拒絶」による苦しみを経験することなしに、「成功」の喜びは手に入らないということだ。

人生で最大級の成功を収めたいなら、〝拒絶されるリスク〟にも備える必要がある。むしろ進んでそのリスクを取るべきではないか。たとえあなたが正直で、誠意のある人で、毎日善行を心がけていたとしても、世の中にはあなたに会ったこともないのに、あなたの行動を悪く言う連中がいるものだ。

あなたが目指しているのが作家であれ、歌手であれ、私のような講師であれ、ビジネスマンであれ、拒絶される可能性は常にある。

成功を手にする過程では、拒絶されることもある——あなたの脳はこれを本能的に知っていて、「拒絶された時に感じる苦痛以上のものはない」と、あらかじめ判断を下してしまっている。

繰り返しになるが、**人間はイヤなことを避けるためなら、心地よさを求めるため以上のことをする。**だから、拒絶されてまで「成功の喜び」を手に入れようとは思わない。そして、まだスタートも切らないうちに、脳はあなたの行動を妨害しようとする。

"煮え切らない行動"を取ってしまう理由

時折「あの人は大きな一歩を踏み出したな」と思って見ていると、どういうわけか、土壇場で後戻りしてしまうことがある。あるいは、自ら追求してきた成功をふいにしてしまうような言動をしたりする。

そうなるのは、間違いなく**「価値観の対立」**を抱えているからだ。脳のある部分は「それ行け！」と言っているのに、他の部分は「そんなことをしたら、きっと痛い目を見るぞ」と言っているのだ。だから、そういう人は二歩進んで、一歩後退する。

一度に二つの異なる方向から引っ張られても、二人の主人に従うことはできない。そして人間は、意識的であれ、無意識であれ、強烈な苦痛を回避するためなら、どんなことでもするものだ。

公人の中にも、価値観の対立に苦しむ人を多く見るが、それをあげつらうよりも、自分自身も価値観の対立を抱えているのを自覚すること。人間は周囲の状況や環境に左右されがちだが、今こそそれを改めてほしい。

「人生で大切にしたいこと」リストのつくり方

111～112ページ、そして122ページのサンプルを使って、自分がどんな感情・状態に「快感」と「苦痛」を感じるか、順位をつけてほしい。その上で、今あなたに必要なのは、あなたが人生で価値を置いていること、大切にしたいことのリストを一からつくり直すことだ。

自分にとって価値のあることは何かを知るには、一つの質問に答えるだけでいい。

「私にとって、人生で大切なものは何か」

これだけだ。思いつくままに答えてみよう。それは心の平穏か？　影響力か？　愛か？

次に、出てきた答えを、大切なものから順番に並べていく。今すぐやってみよう。

ちなみに、私が人生で価値を置いていること、大切にしたいことのリストをつくってみると、次ページのようになった。自分のリストを見ていて、私の今までの言動の理由がわかった。

以前の私は激しい性格で、みんなから何をするにも爆発的だと言われていた。**情熱**がリストのトップだったのだから当然だ。家族や友人に対する私の**愛**を、セミナーでみんなと分かち合いたいと思ったのもわかる。私の望みは人々を**自由**にすることであり、もし私のまわりにいる人たちを束縛から解き放ち、彼らのために**貢献**できれば、「**やればできる**」と全能感に浸れたことだろう。私は**成長**し、目的を**達成**し、**幸福**を手にし、やがて人生を**楽しむこと**を知り、**健康**を手に入れ、**創造性**を身につけていった。

このリストがあることで、私は「自分にとって大切なもの」を見失わずに生きていけると思っていたし、自分の人生には一貫性があると感じていた。

しかし、その後すぐに、私の「人生の質」を一変させるような発見をした。

「優先順位を入れ替える」と人はどう変わるのか

例のスミス氏の一件の後、私はすべてを忘れるために南の島・フィジーに行った。精神のバランスを取り戻し、状況をきちんと把握する必要があったからだ。何より、これからどうするべきか、どうすれば挽回できるかを考える必要があった。

私が人生で大切にしたいこと（以前のリスト）

1 情熱
2 愛
3 自由
4 貢献
5 やればできる
6 成長
7 達成
8 幸福
9 楽しむこと
10 健康
11 創造性

最初の夜、眠りにつく前に、私は非常に重要な問題について考えた。

つまり、「どうして私がこんな目に遭うのか」と自問自答するのではなく、**「人の行動の根源には何があるのか。人はなぜ、そういう行動を取るのか」**ということについて考えたのだ。


翌朝八時に目覚めた時、嵐のように様々な考えが湧き上がってくるのを感じた。

私はノートをひっつかむと、朝の八時から夜の六時半までぶっ続けに書いた。腕は痛くなるし、指は感覚を失った。私は静かに考え、書いていたわけではない。いろいろなアイデアが、文字通り、私の中で爆発していた。

このとめどないアイデアの奔流から生まれたのが、デステニー・テクノロジーであり、神経連想コンディショニング（『アンソニー・ロビンズの運命を動かす』５章を参照）の基礎である。

ところが、ノートを見直してみると、字が汚なくて一字として読めないではないか！

しかしアイデアと感覚は、身体の中に残っている。このアイデアが大きな可能性を秘めていることはすぐわかった。このプログラムは、**脳の神経システムレベルから人生の優先順位を入れ替える**ものだ。人生のあらゆる場面における考え方、感じ方、行動などを決定するプロセスを、文字通り転換させるのだ。

そこで私は考えた。単に人々に自分の価値観を明確にさせるだけではなく、**優先すべき感情・状態を意識的に選択、あるいは転換させたら、何が起きるのか。**

たとえば、「安全」が一番、「冒険」が十五番という人がいたとして、一番と十五番を入れ替えてみるのだ。

つまり頭で考えるだけでなく、神経系においても「冒険」の優先順位を一番に置いたとしたら、どうなるか？　その人の人生はどんなふうに変わるだろう。その変化は目を瞠《みは》るものだろうか、些細なものだろうか。

答えは明らかだ。その人の考え方、感じ方はもちろん、行動が一変する。これ以上、徹底的な変化は他にはないだろう。

イエスの迫害者であったサウルは、天啓を受けて回心し、改名してパウロになったが、それと同様の劇的な変化が起きる。今まで大嫌いだったものが大好きになる、あるいはその逆が起こるのである。


実際にそんなことが可能なのだろうか。私は、まず自分自身で試してみることにした。私の「私が人生で大切にしたいこと」リストを見て、最初は「私は、たいしたものだ！　すごくい い。要するに、これが私という人間なのだ」と思った。

だが、実際に自分の人生を設計し、「最終目標」を方向づけるためのリストをつくるなら、どのようなものになるだろう。

これが私の人生に〝強烈なインパクト〟を与えた決断

「人生で優先すべき感情・状態を見直す」――そう決めたこの瞬間、私は「人生の方向性を決定的に変える決断」を下そうとしていると自覚した。そして私は自分に問いかけた。

「究極の運命を築き上げ、自分の可能性を最大限に発揮するために、そして強烈な影響力を手にするために、『私が人生で大切にしたいこと』リストはどうあるべきか」

「今のリストも、私を十分助けてくれている」と私は考えた。そこで、

「これにどのような価値をつけ加えるべきか」

と自問した。すると、リストに欠けているものの一つに、「知性」があることに気がついた。もちろん私自身、知性に自信がないわけではなかったが、知性的であることに、情熱的であること以上の重要性を認めてはいなかった。そして、知性的であるより情熱的であることを優先していたため、CEOの人選の失敗も含め、馬鹿な過ちをいくつか犯していた。

神経系にとっては、「知性」が優先事項にならない限り（つまり、私の「意思決定」がもたらす結果を、短時間で意識的に評価できる習慣を身につけない限り）、私の本来の望みを達成することはできないことがわかってきた。

「知性」をリストの上位に置く必要があることに、疑問をはさむ余地はない。他にも自分の人生に取り入れるべき事項があったので、それを優先順位のどこに置くかを決めていった。

その次に、それまで考えたこともなかった問いかけをした。

「最終的な目標を実現するために、私のリストから取り除くべきものは何か」

私はいつも「どうすれば自由になれるか」ということだけを考えていたが、すでに十分、自由であることに気がついた。つまり、「今より自由にはなれない」ということだ。自由のない国に暮らしていれば話は別だが、その時の私には、それ以上の自由は求めようがなかった。

そこで、私は優先順位のリストから「自由」を外すことにした。自由をリストから外すことで、自由な気分になれるとは驚きだった。

次に、私はそれぞれの項目を見直し、その意味を確認した。その場合の問いかけは、

「優先順位リストのこの位置に、この項目を置くことに、どのような意味があるか」

というものだった。一番目の情熱については、「やる気を起こさせ、人々にプラスの影響を与えるための活力を与えてくれるし、人生にうまみを与えてくれる」と思った。

「最高の人生」を手にするための〝負担〟を恐れるな

次の問いかけも、それまで考えたことのないものだったので、少し怖かった。それは、

「情熱を優先順位の一番に置くと、どんな負担を強《し》いられるか」

答えはすぐにわかった。少し前にアメリカ・ロッキー山脈の麓《ふもと》にあるデンヴァーでセミナー

を開いたばかりだったが、私は久しぶりに具合が悪くなった。もちろん「健康」も大切にしたいことの中に含まれてはいたが、それほど順位は高くなかった。

そもそも、このリストに入っていないものもたくさんあることを考えれば、リストに入っている項目を大切だと自覚していることは間違いない。

ところが、私は「規則正しく食事すること」が「健康に気をつけること」だと思っていた。当時は運動もしていなかったし、休息も十分に取れているとは言いがたかった。そして絶え間なくエネルギーを発散し続けていた私の身体は、ついに音《ね》を上げた。

その日は全く元気が出なかったが、それでも無理をしてセミナーを行なった。しかし全く情熱が湧いてこなかったし、愛情も湧いてこないし、人々に影響を与えている気もしなかった。「情熱」をリストの一番にすると、私は燃え尽きてしまい、最終的な目標を達成できない可能性もあった。

最後の問いかけはこうだ。

「最終的な目標を達成するには、大切にしたいことの項目は、どのような順序になるべきか」

「私にとって何が重要か」ではなく、「どうあるべきか」と考えたわけだ。これらの「問いかけ」をすることで、私のリストは次ページに載せたように変わっていった。

なぜ私は「達成」よりも「幸福」を優先させるのか

あなたの目には小さな変化に映るかもしれないが、私が受けた精神的影響は多大だった。この新しいリストをつくっただけで、恐怖を感じたり、葛藤が生じたりした。恐らく最大の変化は、「幸福」と「達成」の順番が入れ替わったことだろう。

思い出してほしい。古いリストでは、**情熱、愛、自由、貢献、やればできる、成長、達成の後に幸福がきていた**。私は考えた。

「もし幸福の優先順位をもっと高くしたら、どうなるだろう。達成よりも幸福を優先したら、いったい何が起きるのだろうか」

正直言って、これもまた問いかけるのが怖い質問だった。もし、簡単に幸せを感じることができるなら、やる気がなくなるだろう。何も達成できないに違いない。今までと同じような影響力は持てないだろう。今までのように、人々の役に立つこともできないだろう。

結局、私は自分の「個性」（アイデンティティ）と「情熱的に変化を起こす能力・才能」を結びつけることで、自分を納得させた。「楽しくやること・幸福」を「達成」より優先させる

私が人生で大切にしたいこと（新しいリスト）

1　健康／活力
2　愛／温かさ
3　知性
4　快活
5　正直
6　情熱
7　感謝
8　楽しむこと／幸福
9　変化を起こす
10　学習／成長
11　達成
12　一番になる
13　投資
14　貢献
15　創造性

という決断をするまでに、二時間もかかってしまった。馬鹿な話だ。

しかし、これだけは断言できる。ＤＷＤセミナーの何万人という出席者は、その多くは功成り名を遂げた人たちだが、彼らもやはり同じことを恐れている。

つまり、**もし幸福を手に入れたら、パワーや、やる気を失ってしまうのではないか**と恐れているのだ。

私の場合、**幸福になろうとするのではなく、幸福な気持ちで物事を達成する**ようになった。

その結果として得られた、私の人生の「質」の変化は、あまりに奥深いもので、言葉では言い表わせない。やる気をなくすどころか、むしろ気分がよくなり、ますますやる気になった！

「心配する」より「行動に集中」

リストが完成した時、これまで味わったことのない感情が湧き起こった。それは**「安らぎ」**だった。また、それまで経験したことのない深い**「確信」**を持つことができた。なぜなら、**私の中のすべてが夢に向かって引き寄せられている**のを実感できたのだ。

もう自分自身と主導権を争う必要もない。自由を求めて絶えず頑張る必要がないので、今まで以上に「愛情」や「親しみ」を感じる余裕ができた。もちろん、自由も満喫している。今なら、幸福な気持ちで物事を達成できるだろう。健康で、活力にあふれ、知的な生活を送れるだろう。人生の優先順位を変えたことで、肉体的な変化もすぐに感じ取ることができた。

そして今度は、**成功するために避けておきたい精神状態**があることもわかってきた。その一つは、不安である。

私は会社をいかに経営し継続させていくかについて、精神的にも、肉体的にも苦しんでいた。当時、不安があっても頑張れば何とかなると思っていたが、実際には不安に押しつぶされてパワーが枯渇していた。そこで、私は**「もう心配するのはやめよう」**と思った。あれこれ心配するよりも、事態を改善するための**「行動」に集中**するほうが大切だった。

不安が私の運命を台無しにしかねないと気づき、私は手を尽くして、不安を回避しようとした。不安という感情に浸るのは明らかに悲惨なことだ。こうして私は〝回避リスト〟を完成させた。

そして、私はフィジーからアメリカに戻り、自分の運命をデザインし、人生計画を立て直すことにした。友だちや、共同経営者は驚いていた。仕事に復帰した初日から、「何があったんだい。すっかり見違えたよ。ずいぶんリラックスした雰囲気だね」と、みんなが声をかけてきた。

この新しい技術をいろいろな人に、何時間もの時間をかけて打ち明けた。そして、セミナーの中で磨き上げ、納得できる形に練り上げていった。

これが**DWDセミナーの誕生秘話**だ。

本書執筆のきっかけは、この技術をできるだけ多くの人に広めたいと思ったことだ。

あなたも今すぐこの技術を活用してほしい。そして、忘れないでほしい。**自分がどんな人間になるかは、自分でデザインできる**ということを。

あとは〝雄牛の角を素手でつかむ勇気〟を持てるか否か

では、いったい自分の「人生で大切にしたいこと」の優先順位を、どのように決めればいいのだろうか。それには、次の二つのステップが必要になる。

ステップ1

あなたが今現在、価値を置いているものは何かを理解し、優先していることから順番に並べる。

こうすることで、あなたが最も好ましいと考える経験（目指すべき感情・状態）と、できるだけ避けて通りたいこと（避けるべき感情・状態）が明らかになる。自分が取る行動の理由も理解できる。さらに、あなた自身の「苦痛」と「快感」のシステムを理解することで、人生でより深い喜びを経験し続けられるだろう。

ステップ2

もし、雄牛の角を素手でつかむ勇気と気概があるなら、運命を変えられる。自分自身への新たな問いかけはこうだ。

「私が望む運命、そして私にふさわしい運命を手にするには、何に価値を置くべきか」

ブレイン・ストーミングをして、「大切にしたいこと」のリストをつくり、優先順位を決めること。どの項目を外し、どの項目をリストに加えるか考え、自分が心から満足できる人生の実現を目指すのだ。

「運命？　それがどうした」と思う人もいるだろうが、それは考え直したほうがいい。自分の望みをすべて叶えるには、どのようなタイプの人間になるべきか考えてほしい。どのような価値観が必要で、どんな項目をリストに加えるべきか、あるいは削除すべきか。

たとえば、「勇気」をリストの上位に組み込めば、恐怖や失望、挫折感、拒絶に対処する能力にどのような変化が起きるだろう。「陽気さ」の優先順位を上げてみたら、人生をもっと楽しめるかもしれない。あらゆる経験を楽しみ、子どもとも「保護者」として接するのではなく、共に成長していけるかもしれない。

「劇的な変化」はどんな頑固な人物にも起こる！

ＤＷＤセミナーの参加者が、セミナー初日の金曜日の朝とセミナーを終えた日曜日の夜とでは、別人のように変わっているのを見ると、「人生で大切にしたいこと」の優先順位のつけ方を教えてきて、本当によかったと思う。変化の過程で、魔法のようなことが起こるからだ。

奥さんに引きずられるようにして、いやいやセミナーに参加したある男性がいた。優先順位を変えること、そして、それによってもたらされる変化について説明を聞いても、「私は自分の価値観を変えようとは思わない」と言い張った。彼にとって一番価値があるのは「自由」だった。人から変化を「強いられる」ことに抵抗し、頑《かたく》なに変化を拒んでいた。

とうとう私は彼に言った。

「あなたが変わる必要がないことは、わかっています。あなたが自由であることも知っています。ということは、リストにいくつかの項目を自由につけ加えることもできるはずです。あなたの人生の質を高め、究極の運命を切り拓いていくのに役立つ項目を加えるとしたら、何を加えますか」

少し考えて、彼はこう答えた。

「そうですね。柔軟性なんか、いいんじゃないですか」

このやりとりを聞いて、他の出席者は大笑いだった。

「それはいいですね」

と、私。

「では、柔軟性をリストの何番目に入れましょうか」

結局、柔軟性はリストの四番目に落ち着いた。

この男性が柔軟性を自分の新しい価値観にうまく組み込んだ瞬間、彼の後ろに座っていた参加者（彼はカイロプラクターだった）が、声を上げた。

「今の、見ました？」

他にも気がついた人が数人いたが、われわれが見ている前で、この男性の身体つきが変わっていったのだ。柔軟性を「人生で大切にしたいこと」のリストに組み込んだ途端に、姿勢の硬さがなくなり、緊張が解けていった。座り方も変わり、呼吸もずっと楽になったように見えた。顔の筋肉の緊張が解け、表情も変化した。

「他にもつけ加えたいことはありますか」と私が訊ねると、彼はまた少し考えてから、「たぶん……寛容さかな」と、ためらいながら答えた。また会場は笑いの渦に包まれた。

最初は、言われたことに逆らい、イライラしていた人が、ガラリと変わったのだ。寛容さをリストの何番目に入れるかを考えていた彼の態度や呼吸、顔の筋肉、身振りは、さらに穏やかに変わっていった。その様子を見ていると、私は本当にうれしくなった。

その週末、参加者たちの間では、この男性の話で持ちきりだった。男性は、人と話す声も柔らかくなり、表情も晴れ晴れとしてきたように見えたし、これまでにはなかった人とのつながりが生まれているようだった。

それから三年が経ったが、もはや彼のリストに「自由」という項目はなくなり、妻との仲も非常に親密になっている。

こうして私は〝恨み・つらみ〟を克服した！

人生には、自分が自分の価値観とどう向き合っているかを試される瞬間がある。私の場合、それは飛行機の搭乗手続きをしている時にやってきた。なんと、かのスミス氏が目の前に立っていたのである。

この二年というもの、彼とは顔を合わせていなかったのだが、私の中で怒りと憎悪がむくむくと頭をもたげてきた。彼はこそこそと飛行機に乗り込み、後ろのほうの座席に座った。私も自分の席に座った。そして、様々な考えが頭にいくつも浮かんでは消えていった。

どうしたらいいんだろう。彼と対決するべきか。彼のところに行って、黙ってにらみつけて、居心地の悪い思いをさせてやるべきか。あまり褒《ほ》められた考えではないが、私は正直さも大切にしているので、正直にここで打ち明けよう。

やがて、私の「大切にしたいこと」リストが私の行動を導いてくれた。まずノートを開いて、「大切にしたいこと」のうち、自分が何を優先させているのかを書き出し、眺めてみた。

すると、そこには、「私の人生で大切にしたいことは、**愛情深く、温かみのある人間**になること」と書いてある。ウーン。「知性的であれ」。ウーン。「明るく、正直で、情熱的であれ。感謝を忘れず、人生を楽しもう。変化を起こそう……」。

まあ、ご想像の通り、私の精神状態は根本から変化した。それまでのパターンは崩壊した。私が「どんな人間であるべきか」を思い出させる人物に見つめられているような気がした。私がどんな行動を取るべきかは明らかだった。

飛行機が着陸すると、私はスミス氏に歩み寄り、誠意と親しみを込めて、彼の過去の所業はどうしても認めることはできないが、彼を心底恨むのは、もうやめることにしたと告げた。実際に「君の幸運を祈っているよ」とまで言ってのけた。

私が歩み去る時の、彼の度肝《どぎも》を抜かれたような表情が目に焼きついている。

ワオ！　気分は最高！　苦しい状況に置かれても、私は自分が正しいと思ったことを実践できるとわかった。自分が心から正しいと信じていることを実行できた時ほど、人生が充実していると感じられることはない。


あなたの運命を切り拓くパワーを自分のものにすること。そして、「自分の人生で大切にしたいこと、優先すべきことは何か」を明確にするための練習をしよう。

自分の価値観が確立すれば、それに則って生きていこうと思うのが人情ではないか？　人生を素晴らしい方向に導く素晴らしい価値観を、あなたも手にできる。

しかし、それでもまだ不満や惨めな感情から抜け出せないという人は、次章をさらに読み進めてほしい。

5章

「感情」に振り回されない

——不安、心配、みじめな気分は一瞬で克服できる！

Awaken the Giant Within

「気分をよくする」一番いい方法

あなたが「気分がいい」と感じるのは、どんな時か？

誰かにハグか、キスをしてもらった時か。愛し合っている時か。誰かに称賛されたり、尊敬していると言われた時か。大儲けをした時か。ゴルフでアンダーパーだった時か。ボスに認められた時か。理想の車に乗り、理想のパーティーに行き、理想の人たちと知り合いになった時か。精神的に成長し、完全なる悟りを開いた時か。毎日五マイル（八キロ）走った時か。

気分がいいと感じるためには、何をしなければならないのか。

実を言うと、「気分が上々」と感じるのに、どんな出来事も必要ない。特別なイベントや、これといった理由などなくても、今ここで「気分がいい」と感じられるのだ。

考えてみてほしい。もし仮に百万ドル儲けたとしても、百万ドルはあなたに快感を与えてくれるわけではない。そう感じるのは、「この目標を達成したら、いい気分になってもいい」という、自分なりの**ルール**（ある経験が「苦痛」となるか「快感」となるかを決める信念のことを、私は「ルール」と呼んでいる）があるからだ。

「いい気分になろう」と決心した瞬間に脳にメッセージが送られ、顔、胸、身体全体の筋肉の反応や呼吸の仕方が変わるのだ。そして、神経系内の生理状態に「快感」と呼ばれる感覚を呼び起こす変化が起こる。

「コントロール不可能なこと」に一喜一憂しない

誤解しないでもらいたいのだが、できることを一生懸命にやるのは別にかまわない。しかし数年前に、私は「人生の質」を変える「あること」に気がついた。それは、**自分がコントロールできないものに自分の幸福が依存しているような生き方をしている限り、苦痛は避けられない**ということだ。

私は苦痛を恐れながら生きていくのはイヤなので、自分のルールをつくり直すことにした。そして、「苦痛」や「快感」を覚えるのは、**自分の心や肉体、感情によって適切にコントロールできる範囲内のことに限る**と「ルール」を決め直した。

具体的に言えば、私は以前、妻とハワイ島で皆既日食を見たことがある。しかし、皆既日食のまさにその瞬間は、雲が太陽をおおい、肉眼でその天体ショーを見ることはできなかった。

しかし、妻と私は日食を心ゆくまで楽しんだ。私たちがハワイに来たのは別の理由（三日間のセミナーのため）だったので、数日早く来て日食を見るのは「おまけ」のようなものだった。

しかし、私たちが楽しむことができた本当の理由は、日食にあまり期待していなかったからではない。もちろん心から楽しみにしていた。それでも私たちが楽しむことができたのは、**「たとえどんなことがあっても、この日のイベントを楽しむ」というルールを守ろうと、二人で決めていた**からだ。

だから、日食そのものは期待はずれな結果に終わっても、楽しむことができたのだ。

「人生の豊かさ」を味わえる人、味わえない人

さて、もしこのルールをあなたの人生に応用するなら、ほぼすべての経験が今までとは違うものになるだろう。私がこのルールについて説明すると、

「なるほど。でも、それは基準を下げることにならないか」

と言ってくる人が必ずいる。だが、そんなことは全くない！

このルールを採用することは、逆に**あなたの水準を上げる**ことになる。どんな状況にあっても、高い水準で人生を満喫できるようになるのだ。

人生の「本当の豊かさ」を経験することに集中力、判断力を振り向けるために、十分に知的で、柔軟で、創造的な自分でいると決める――それが人生の「究極のルール」と言えるだろう。

前章では、あなたの人生の方向性を調整し、明確にするための「人生で大切にしたいこと」、つまり価値観のリストをつくり上げた。そして、「自分の価値観を満たせた」と感じられるか否かは、すべてあなたの「ルール」（ある経験が「苦痛」となるか「快感」となるかを決める信条・考えのこと）次第だと理解してもらいたい。

つまり、「成功」や「幸せ」「愛」を実感するために不可欠な出来事は何かということを、どのように定義するかである。たとえば「幸せ」を自分の最優先事項にしたとしよう。しかし、もし「幸せのルール」が「すべてが予定通りに進むこと」だったとしたら、いつも幸せでいることは難しいと、私は断言する。

人生には変化がつきものだ。だから、私たちもこの「ルール」を臨機応変に適応させ、育てていかねばならない。あなたの感情の快・不快を左右する、自分が普段意識していない信条や考えを理解することは、極めて重要なことなのである。

自分の中にいる「判事」と「陪審員」

結局のところ、人がある状況でどんな行動を取り、どんな反応をするか、つまり、どういう人間になるかは、その人の「価値観」にかかっている。

そして、それと同じように、人の感情や行動を決定するのは、その人の信条、つまり何を望ましいと感じ、何を有害だと思うか、自分は何をすべきか、すべきではないかという考えである。こうした明確な基準・尺度が、私の考える「ルール」というものである。

「ルール」は、いつでも神経系に「苦痛」や「快感」をもたらす。それは、ちょうど脳の中で裁判が開かれるようなものだ。そして、**自分の個人的なルールが究極の判事であり、陪審員になる。**

たとえば、価値観が満たされているか、気分のよし悪し、快感と苦痛のどちらを感じるかを決めるのは、彼ら（ルール）だ。

もし「あなたの肉体は素晴らしいものか」と聞かれたら、自分の考える「素晴らしい肉体」という基準を自分自身がクリアしているか否かで、答えは違ってくるだろう。

「あなたはセックスの達人か」――この質問にどう答える？

こういうのは、どうだろう。

「あなたはセックスの達人ですか？」

この質問に答えるには、あなた自身が定めた「セックスの達人になるための基準」、つまり、ルールが必要になる。「あなたはセックスの達人ですか？」という問いに、あなたが「はい、その通りです」と答えた場合、あなたのルールがどのようなものなのかは、次のような質問で明らかになる。

「どうして自分がセックスの達人だとわかるのですか？」

あなたは、きっとこんなふうに答えるだろう。「相手がたいてい『よかった』と言ってくれるからです」。あるいは「恋人にいつもそう言われるから」とか、「自分がすごく気持ちがいいから」（相手の反応はどうでもいいのだろうか……？）など。中には「みんなに聞いてみてくれ」と言う人もいるかもしれない。

反対に、自分がセックスの達人ではないと思っている人もいる。本当に彼らはセックスの達人ではないのか、それともルールが適切でないから、そう思うのか。これは重要な問いかけだ。

多くの場合、パートナーに肯定的な言葉をかけられなければ、自分がセックスの達人だとは思えない。そして、パートナーが情熱的な反応をしても、自分が決めた「ルール」に合わなければ、その人は自分がセックスの達人とは思わないのである。

〝百害あって一利なし〟のルールに縛られていないか

人間関係や愛情関係だけにとどまらず、成功、安全、知性などを不適当なルールで定義してしまっている人は多い。仕事も遊びも、人生のすべては、この**判事・陪審員システム**に牛耳られている。

重要なのは、私たちは生きている限り、自分で決めた「ルール」に基づいて反応の仕方をコントロールされるということだ。もうおわかりのことと思うが、こうしたルールは全く恣意《しい》的に決められている。

「ルール」はこれまでに積み重ねてきた「経験のコラージュ」によってできあがったものだ。

そして、あなたが今使っているルールは、本当にこれからの自分にふさわしいものなのか。過去には役に立ったものの、今では「百害あって一利なし」のルールにしがみついていないだろうか。子どもの頃からの不適切なルールを引きずっていないだろうか。

「どんな愚か者でもルールをつくることができる——そしてすべての愚か者はそれを気にする」

——ヘンリー・デイヴィッド・ソロー（作家・思想家・詩人）

脳にとって、ルールは近道である。自分の「行動の結果」をある程度予測できるからだ。ルールがあれば、物事の意味合いや、どう振る舞うべきかも一瞬で判断できる。

誰かに微笑みかけられた時、それが何を意味するのか、長ったらしい計算が必要となれば、ウンザリだろう。

しかし「ルール」があるから、「相手はいいことがあったんだろう」とか「人なつこい性格なんだろう」とか、「もしかしたら自分に気があるのか」と判断できる。

誰かがあなたに向かって眉をひそめた時も同じだ。そういう場合、「その人は機嫌が悪いので、なるべく関わらないようにする」というルールを持っている人もいれば、「機嫌が悪い人がいたら、気分を変えてあげなければならない」というルールを持っている人もいるのだ。

「快感」につながる神経回路を増やすには

普通、人間はイヤだと感じることは山ほどあっても、心地よいと感じることは数えるほどしかないものだ。「自分」と「苦痛」とを結びつけるルールを持っている人があまりに多いのに、私はいつも驚いている。

そういう人たちは、自分が「避けたい」と思っている精神状態に直結する、複雑かつ巨大な神経連結のネットワークはあるのに、快感につながる神経回路は、ほんのひと握りしかないようだ。

典型的なのは、先にも述べた私のDWDセミナーに参加したある有名企業の重役だ。彼は様々な貢献によって地元の人からも慕われている。五人の子どもに恵まれ、家庭はこの上もなく円満。体調も万全で、マラソン選手にもなれるほどだ。

私が、

「あなたはご自分が成功していると思いますか」

と質問すると、彼は真剣な顔でこう答えた。

「いいえ」

これには他の参加者全員、びっくりだった。

続けて私は、

「自分が成功したと感じるためには、どんな出来事が必要ですか」

と訊ねた（その人なりのルールを明らかにするためには、欠かせない質問だ）。

毎朝、〝成功者の気分〟を味わえるシンプルな方法

その後、彼は成功のためのルールと条件について、あれこれ説明し始めた。

彼の言う成功者の条件とは、年俸は三百万ドル以上（その時点で彼の年俸は百五十万ドル。ただしボーナスの二百万ドルは計算に入っていない）、体脂肪率は八％（実際は九％）、子どもに向かって、絶対にイライラした顔をしないこと（子どもが五人いて、みんな好き勝手をしているというのに）。

あなたは、この人がこれだけ厳格で、度を越した基準をすべて満たすことで、成功を実感す

ることができると思うだろうか。

彼とは対照的に、もう一人の男性は、会場の全員が気づくほどエネルギーに満ちあふれ、元気いっぱいだった。セミナー中も、人生が楽しくてしょうがないという様子だった。

私は彼にも同じ質問をしてみた。

「あなたは成功していますか」

「もちろんです！」

即答だった。

「成功したと感じるためには、どんな出来事が必要ですか」

すると彼はニカッと笑って、こう言った。

「簡単なことです。立ち上がって、下を見て、自分が地に足をつけて立っていることを確かめるだけです！」

会場は爆笑の渦だった。

「毎日、地に足がついているというのは、すごいことですよ！」

このルールは、セミナーのスタッフのお気に入りになった。そして、毎朝起きる時に自分がいかに成功しているかを思い出すために、セミナーの初めにこの言葉を掲示するようになった。

「勝っている」のに「負けそう」と感じてしまう心理

あなたも得点表が公平でないばかりに、「**勝っているのに負けていると感じる**」ことがあるかもしれない。

もし、自分がつくったシステムのせいで、イライラしたり、怒りや苦痛に悩まされたり、自分は失敗者だと思っているのなら、今こそ「得点表」のルールを見直すべきだ。あなたにとって不公平なだけでなく、奥さんや子どもたち、同僚、あなたとつき合いのあるすべての人にとっても不公平この上ない。

なぜなら、自分では意識していないかもしれないが、人のことも「自分のルール」に従って判断しがちだからだ。

「自分に厳しい人」は、必要以上に他人にも厳しくなってしまうのだ。

〝自分に厳しい人〟は損をしている!?

自分を厳しく制限している人は、なぜ「大切に思っている人」に対しても、同じように厳しく接するのだろう。

多くの人は、ルールを厳しくしておかないと、成功できないのではないか、目標に向けて一生懸命に努力する気が起きないのではないかと恐れている。

実際は、やる気を起こすために、馬鹿みたいに厳しいルールは必要ない。ルールがあまりにも厳しく、つらいものだと、「何をやっても無駄だ。何も得られない」と、無力感にとらわれるようになる。

「魅力的な未来」という目標に向けて前進しつつも、その底辺には、「いつでも好きな時に幸福で満足感に満たされる」というルールがあるべきなのだ。

なぜ、あなたの恋愛はうまくいかないのか

ルールは、私たちを行動へと駆り立て、満足感をもたらし、最後までやり抜く力を与えてく

れるものであってほしい。途中でやる気をなくさせるようなルールは願い下げだ。

ところが、男女関係においては、どう考えても関係を続けられそうにないルールを設定しているカップルが驚くほど多い。

たとえば「もし私を愛しているなら、私がお願いしたことは全部やってくれること」とか、「もし私を愛しているなら、私の不平不満や愚痴をすべて受け入れること」というルールを設けている人もいる。このようなルールは適切だろうか。とんでもない！　一緒に関係を築いていこうという相手に対して、あまりに不公平なルールである。

ＤＷＤセミナーに参加していた一人の女性は、男性と強い絆で結ばれたいのに、最初の「追いつ追われつのドキドキ」の段階を過ぎると、関係が続かなくなると悩んでいた。

そこで私は「あなたが男性に魅力を感じるには、どんな出来事が必要ですか」と訊ねた。何が問題なのかは、彼女のルールを知ることで、すぐに明らかになった。

彼女が男性に魅力を感じるのは、男性が彼女に拒絶されても、それをものともせず彼女に言い寄ってくる時だというのだ。相手があきらめずに壁を打ち壊そうとすると、彼女はすごくその人に惹《ひ》かれる。彼女にとっては、それが男らしさだと映るのだ。

ところが、彼女の二つ目のルールは興味深いものだった。もし、それが一カ月以上続くと、彼女は男性に対して敬意を払うこともなくなり、魅力も感じなくなってしまうのだ。そうなったら結果は火を見るよりも明らかだ。拒絶されても頑張る男性も中にはいるが、たいていの人はすぐあきらめてしまう。

こんなルールを持っていれば、男性と強い絆を結ぶことなど、到底できるはずもない。

〝勝ち目のないルール〟から自分を解放する

あなたも、このような勝ち目のないルールを定めていないだろうか。どんな状況でも自分が主導権を握っていないと不安なので、事前に何がどうなるのか、わかっていなければイヤだという人もいる。

また「以前に経験したこと」でなければ、自信を持ってできないという人もいる。

もしも私がこんなルールを設けていたなら、これまで成し遂げてきたことのほとんどを実現できなかっただろう！　私が成功できたのは、参考になるものが何もなくても、「私ならきっと、やり遂げられる」という自信を持てたからだ。

自信に関する私のルールはこうだ。

「何があっても自信を持って臨むと決めたなら、成功は約束されたも同然だ」

「能力」についてのルールも興味深いものだ。「もし何かを数年間かけて完璧にこなせるようになったら、私には能力がある」というものや、「それを一度でもうまくできれば、私には能力がある」などもある。「こんなことができるなら、あれもできるはずだ。だから私には能力がある」と考える人もいる。

このようなルールが、あなたの自信や幸福、自立心、行動の質、そして人生にいかに大きな影響を及ぼすか、理解してもらえただろうか。

何が自分の〝感情の引き金〟となっているか

前章では、「価値観」についてくわしく説明した。しかし、すでに述べたように、「ルール」（何が苦痛となり、何が快感となるかを決める信念）を自分が達成可能なレベルに設定しておかないと、「価値観」に合った生き方はできない。

私が最初に「自分で運命を動かす」という考え方をまとめ始めた頃は、「価値観」の重要性は認識していたが、「ルール」というコンセプトはまだなかった。そのため、自分の進んでいる道筋が正しいか正しくないかの判断は、全く恣意的なものだった。

「ルール」というものを発見した日、私は経験がもたらす「苦痛」と「快感」について理解できるようになった。**ルールは感情の引き金**になるとわかったので、これをもっと効果的に活用するには、どうすべきか考えてみた。

前にも言ったように、多くの人は「苦痛」と縁を切りたくても切れずにいる。彼らのルールでは、快感を得るのは至難の業なのに、苦痛を感じるのはいとも簡単だ。

自分の力の及ばないルールを設定していないか

一つ、説得力のある実例を挙げておこう。

DWDセミナーが始まったばかりの頃に参加していたローリーという女性の価値観を次ページに挙げたので見てほしい。

一目見た限りでは、素晴らしい価値観のように見える。この人はきっと愛情深く、健康で、自由を大切にする人だろうと、誰もが思うことだろう。しかし、もっとよく見てみると、いくつかの問題が浮き彫りになってくる。三番目には安全、四番目は自由とある。この二つの価値観を両立させるのは容易ではない。

実際、ローリーは、大きな苦痛を味わっていた。彼女はあらゆる意味において不満だらけで、文字通り、世捨て人のように引きこもっていた。何人かのセラピストに相談したが、原因はわ

〈例〉「人生で大切にしたいこと」
――セミナー参加者ローリーの場合

1	愛	7	卓越性
2	健康	8	調和
3	安全	9	尊敬
4	自由	10	一貫性
5	成功	11	正直
6	受諾	12	楽しむこと

からずじまいだった。

彼らは彼女の行動、恐怖心、感情に働きかけるだけで、彼女がどのような経験、出来事を「苦痛」と結びつけているのか、全く検討していなかった。

そこで私は、

「あなたが○○と感じるためには、どんな出来事が必要ですか」

という質問によって、彼女の価値観に関するルールを一つずつ導き出していった。

たとえば、「あなたが愛を感じるのは、どんな時ですか。愛を感じるためには、どんな出来事が必要ですか」という質問に対して、彼女は、「自分で愛を勝ち取ったと感じる時です。**私が出会った人全員が、私の信念をすべて受け入れ、**

認めてくれたと実感できた時、ということです。自分が完璧でないと、愛されていると思えないのです。私は良妻賢母でなければなりません」

と答えた。

何が問題なのかは、一目瞭然だ。彼女のリストで最も大切な価値は愛であり、それが身体で感じることのできる心地よさの最大の源である。

ところが、彼女が自分で定めたルールでは、自分の力の及ばない複雑な基準を満たさない限り、「愛を感じること」はできなくなっているのだ！

「すべての人が自分の考え方を受け入れてくれない限り、愛を感じることができない」としたら、愛されていると感じることは、ほぼ不可能だ。

人はそれぞれ考え方が違うのだから、彼女が不愉快な気分になる可能性は、人の数と同じだけあることになる。

こんな「ルール」が自分のやる気に水を差す

あなたのルールがあなたの背中を押してくれるか、それともやる気をなくさせるかを判断するには、次の三つに照らし合わせてみればいい。

①**守ることのできないルール**は、やる気をなくさせる。もしあなたの基準があまりにも厳しく複雑で、人生のゲームに絶対勝てないとすれば、そのルールは絶対にあなたの背中を押してはくれない。

②**自分の力でコントロールできない要素によって左右されるルール**は、やる気をなくさせる。たとえば、他の人のあなたに対する反応や、自分では変えられない「環境」などの要素が入ったルールは、あなたの力になってくれないだろう。典型的な例は、日食を見にきたのに、天気が悪くてがっかりする、といったことである。

③あなたを不快にすることが多く、快適にすることの少ないルールは、やる気をなくさせる。

ローリーのルールは、まさにこの三つにピタリと符合していると言えないだろうか。

「自分の信念がすべて受け入れられ、認められる」など、全く不可能である。彼女は自分にはコントロールできない外部の要因、つまり「他人の意見」によって自分の快・不快を決めようとしているのだ。

自分から〝頭痛の種〟をつくらない

ここで、ローリーが「愛」以外に「人生で大切にしていること」に関する「ルール」も少し紹介しておこう。次ページを見てほしい。

健康、安全、自由など、彼女が大切にしている項目のうち、一つでも満足させられる可能性はどのぐらいだろう。

たとえば健康についてのルールを見てみよう。

「厳しい基準に基づいて、完璧な食事をしていること」

彼女は菜食主義者で、加工されていない食物だけを食べていたのに、まだ完璧だとは思って

〈例〉「人生で大切にしたいこと」と「ルール」
――セミナー参加者ローリーの以前のリスト

愛

自分で愛を勝ち取ったと感じられること。みんなに私の信念をすべて受け入れ、認めてもらいたい。自分が完璧でないと、愛されていると思えない。良妻賢母でなければならない。

健康

厳しい基準に基づいて、完璧な食事をしていること。痛みが一切ないこと。誰よりも健康だと感じられ、人のお手本になること。

安全

みんなが私を好きであること。会う人すべてに「素敵な人」と思われていると実感できること。核戦争は絶対起こらないと確信できること。今よりも貯金額を増やすこと。

自由

仕事、時間、給料、意見などを自分でコントロールできること。経済的な不安やストレスと無縁で、経済的に十分安定していること。

いなかったのだ！　それでいてもっと健康になりたいとは、あとは集中治療室に住み込むぐらいしか手がないだろう。

こんな「ルール」では、身動きすらできなくなってしまう。苦痛を感じるのは簡単だが、心地よい気分になるのが、いかに大変かに注目してほしい。

もし自分の意見が他の人に受け入れられないだけで拒絶されたと感じるとしたら、多くの頭痛の種を抱えることになるだろう。自分のことをよく知らない人から批判される可能性は、ほぼ一〇〇％だ！

このような「ルール」を守りながら生きていくのは、どのような気持ちなのだろう。

彼女は苦しみから抜け出せずにいた。そして、その最大の原因は他人だった。彼女と意見が違う人もいれば、彼女を好きではない人、彼女を批判する人もいるかもしれない。それなのに、「自分の信念がすべて受け入れられ、認められ」なければ愛を感じられないとなれば、引きこもってしまうのも当然だ。

最後に私が、「このような価値観とルールを持っている人は、胃潰瘍になるかもしれませんね」と言うと、彼女は、「もうなってます」と答えたものだ。

ローリーのような人は珍しくない。たしかに彼女のルールは他の人よりも厳格だが、あなた自身のルールをよく調べてみれば、意外に不適切なものがあって驚くかもしれない。

ＤＷＤセミナーには、アメリカで大成功を収めた人たちが参加している。彼らのスキルや影響力はアメリカ社会でトップクラスだ。

しかし、外面的に成功していても、幸福や充実感を得られていない人も少なくない。それは例外なく、価値観が相克していることと、不適切なルールを設定していることが原因である。

「苦痛」を遠ざけ「快感」にアクセスするには

身動きの取れない苦痛に満ちた人生――これを解決するのは、非常に単純だ。「達成可能なルール」を組み込んだ判断システムを構築するだけで、人生はうまくいくようになる。それはつまり、簡単にいい気分になれて、イヤな気分にはあまりならず、自分が行きたい方向へと導いてくれるシステムである。

もちろん、苦痛を与えるようなルールもいくつか入れておくといいだろう。何事も無制限なのはよくない。やる気を起こさせるプレッシャーも必要だ。

初心者は、人生でより継続的に快感を得られるように、少なくとも「心の回路」をつくり直すべきだ。常に〝いい気分〟でいる人は、得てして他人に優しく、人間としての可能性を最大限に発揮できるものだ。

となると、私たちが目指すべき目標はどのようなものだろう。**自分の「価値観はこう」と決めたなら、「どんな証拠や根拠」があれば、満足や喜び、楽しさを感じられるか、前もって決めておく必要がある。**

人生の決定権を自分以外の誰か、何かに手渡すことがないように、自分の価値観にふさわしく、十分に達成可能で、自力で管理・調整できるルールを決めておくのだ。

このような条件に基づいて、ローリーは「人生で大切にしたいこと」の優先順位をいくつか入れ替え、ルールを完全に変更した。次ページを見てほしい。

166ページでは十二番目だった「楽しむこと」が優先事項の上位にきている。この変化によって彼女の人生そのものだけでなく、娘と夫との関係も変わった。

しかし、それより重要なのは、「ルール」についての変更である。もしルールが以前のままであれば、価値観の変化による効果も限定的なものになっていただろう。

頭の中の「回路」をつなぎ直すだけでいい！

彼女が実行したのは、自分が主導権を握れるように、人生全体の回路をつくり直すことである。**自尊心は、「自分にどれだけ身のまわりのことをコントロールする力があるか」と深く結**

〈例〉「人生で大切にしたいこと」と「ルール」
——セミナー参加者ローリーの新しいリスト

愛	自分が愛を示す時、他の人に愛を与える時、そして自分が愛を受け取る時は、いつも愛を感じる。
健康	「今でも十分に素晴らしい気分だ」と感じられる時、私は健康である。
楽しむこと	喜びや楽しみを感じる時、私は楽しんでいる。
感謝	今、自分で手にしているもののよさを知った時、私は感謝の念を持つ。
自由	信念に従って生き、自分の幸福のために選択を行なう時、私は自由だと感じる。

びついている。新しいルールのおかげで、ローリーは苦労せずに、いつでも自分で人生をコントロールできるようになった。

愛についての新しいルールは、達成可能だろうか。もちろんだ！　しかも主導権を握るのはローリー自身だ。自分とも、自分以外の人とも、彼女はいつでも自分から愛情深く接することができ、自分自身に愛情を感じることも自分に許している。

彼女は最高の価値観を実現していることに気づくだろう。しかも毎日のように！　自分自身はもちろん、家族でも、知らない人でも、どんな人とも愛情深く接するので、そのチャンスはいくらでもある。

健康についての新しいルールはどうだろう。

素晴らしいのは、自分で健康管理ができている（体調がいいという事実を受け入れられる）だけでなく、健康であることだ。彼女が定期的に体調のよさを実感できれば、さらに健康的に生きられるだろう。

しかもローリーは、何があっても避けたい「感情・状態」として、拒絶、失敗、怒りを挙げていたが、成功するために望ましくない気分として、「消極性」と「優柔不断」を新たに付け加えた。

思い出してほしい。私たちが目指しているのは、間違った回路をつなぎ直すことだ。「苦痛」とはつながりにくく、「快感」とはつながりやすくすることなのだ。

そして、ローリーは、避けたい感情や状態と自分をつながりにくくするために、「自分の幸福と成功は人から認められるかどうかに左右されない」「自分にも他人にも、完璧を期待しない」というルールを決めた。

新たにこうした「ルール」を決めたおかげで、ローリーは他人の評価に左右されることがなくなった。また、他人に完璧を期待して苦しむことからも解放された。このような価値観とルールの変化によって、彼女の人生はそれまでの想像を超えるレベルに向かって動き始めた。

私の「人生で大切にしたいこと」と「ルール」からの抜粋

健康と活力	いつでも集中して、力が張り、調和が取れていると感じられること。いつでも体力、柔軟性、持久力を高めるための活動をしていること。いつでも肉体的に健康だと感じること。いつでも水分の多いものを食べていること、あるいは自分の健康哲学に合った生活をしていること。
愛と温かさ	いつも友人、家族、他人を思いやり、支援の手を差し伸べること。いつでも人の役に立てるように意識を向けていること。いつでも自分に対して愛情を持てること。「私の生き方」が常に他の人を鼓舞すること。
学習と成長	常に有意義なことにチャレンジすること。常に自分の能力を伸ばし続けること。いつでも新たな可能性について考えること。常にスキルの幅を広げ、能率を高めていくこと。知識を有効に活用すること。
達成	常にすでに築き上げた「人生の価値」に注目すること。常に目標を立て、それを実現すること。常に自分や、みんなのために何かを学んだり、価値を生み出すこと。

自分だけの「ルール」をつくるすごい効果！

ここからは、あなたに実際に課題をやってもらいたい。

前章でつくった新しい価値観（「人生で大切にしたいこと」リスト）をもとに、あなただけの「ルール」をつくろう。理想を言えば、**「快感」につながるルール**はなるべく多くあるとよい。私の場合を前ページに紹介したので参考にしてほしい。

「腹が立つ」のは誰かのせいではない

社会学に「自文化中心主義」という考え方がある。要するに、人は自分が属する文化のルール、価値観、信念だけが正しい、意味があると考えやすいということだ。

これは極めて発展性のない姿勢である。あなたのまわりにいる人はそれぞれ、あなたと違うルールと価値観を持っていて、どちらがいい、悪いということはない。

問題は、そのルールが正しいか、間違っているかではなく、「自分を後押ししてくれる」のか、それとも「やる気に水を差すか」なのである。

最近、誰かに腹を立てたことはなかっただろうか。原因はその人の存在そのものにあるのか、それともその人の言ったこと、したこと、しなかったことにあるのか。あるいは、その人があなたのルールに反したからか。

つまり、**他の人間との間で「感情の乱れ」が生じる場合、その背景にはルールの混乱がある。**

たとえば、「もし私に敬意を払ってくれる人は、決して私に対して声を荒げない」というルールを設定している人を誰かが怒鳴りつけたら、その人は相手が自分に敬意を払っていないと思うだろう。そして、敬意を払われていないことに対して、怒り出すに違いない。

しかし相手のルールでは、「相手を尊重するとは、私自身の感情をすべて――よいも悪いも区別なく――包み隠さず相手に示すことである」というものだったとすれば、この二人の間に衝突が生じるのは当然のなりゆきだ。

その「気遣い」は相手の神経を逆なでしているかもしれない

妻のベッキーと私がつき合い始めた頃は、ちょうどこんな状態だった。「相手に敬意を示す」ということに関して、二人のルールは根本的に異なっていた。

なぜなら、私が育った環境では、正直さを欠くとひどくつらい思いをした。もし話の最中に部屋を出ていこうものなら、大変なことになった。私が育った環境のルールでは、どんなに言いにくいことであっても、「自分の正直な気持ち」を表現することが大切だった。そして自分が間違っているかもしれないと思っても、話に決着がつくまでは、そこにいなければならない。

一方、ベッキーは全く違ったルールを持つ家庭で育った。ただし、ルールが明確であることは共通していた。彼女は、「もし何か望ましいことを言えないのなら、何も言わない。尊敬する相手に対して声を荒げてはいけない。もし誰かに怒鳴りつけられたら、自尊心を守るために、立ち上がって、部屋を出ていくしかない」と教えられた。

このように、敬意について異なるルールを定めていたため、彼女と私は衝突した。そのせいで結婚をやめようかとも思った。ルールはすべてを決定する。どこへ行くか、何を着るか、何を受け入れるか、受け入れないか、誰と友だちになるか、幸せか、不幸せかなど、ほぼすべての状況でルールがものを言う。

たとえば、何か問題を抱えて頭が混乱している時、「口を出さずに見守り、私のやりたいようにやらせてくれるのが思いやりというものだ」というルールの人もいれば、「この状態を抜け出すために手助けをしてくれるのが思いやりというものだ」というルールの人もいる。

これが大きな混乱のもとになる。

どちらの人も目指すところは同じで、相手を尊敬し、気遣っている。それなのに、ルールが異なっているため、正反対の行動につながり、相手の助けになるどころか、むしろ敵対的と受け取られるのだ。

「他人を責める」より「理性的な言葉がけ」を

つまり誰かに対して腹が立ったり、気が動転したりするのは、相手の行動や態度のせいではなく、自分のルールのせいなのだ。

これを知っておけば、他人を責めたり批難したりすることもなくなるだろう。神経を逆なでされたと思った時、「私は感情的に反応しているだけなのか、それとも理性的に対処しているのか」と自問自答すれば、動揺はすぐに収まるだろう。

その上で、目の前にいる相手と言葉を交わすのだ。

「こんな反応をしてしまって、ごめんなさい。こういった状況の時、どうすべきかということについて、私たちのルールは違うようです。私のことを尊重してくれるなら、あなたが〇〇と△△をしてくれると、私は期待していました。でも、あなたのルールでは、そうではなかったようです。あなたのルールでは、どうなっているのか教えてください。あなたは〔愛情、思いやり、気遣いなど〕をどのように表現するのですか」

こんな感じだ。

お互いに相手が期待していることがわかったら、今度は取引をする。

「あなたの私への配慮・関心を感じられるように、○○をしてくれますか。私はあなたに対して△△△をしましょう」

このように確認し合うのだ。仕事でも、プライベートでも、互いのルールを明確にし、お互いに納得してつき合えば、人間関係は劇的に改善する。そもそも、ルールも知らずに、どうやってゲームに勝とうというのか、という話だ。

人生のフラストレーションを増大させないために

ルールは承知しているものの、突然、例外がいくつも発生するような状況に遭遇することがある。そういう時、人間は他のすべてのルールと相容れないサブルールを持ち出してくる。

たとえば、もしあなたと私が一緒に野球をすることになったとしよう。私があなたに、「君は野球のやり方を知っているかい」と訊ねると、あなたは「もちろん」と答え、基本ルールを説明する。

「九イニング、プレーして、多く得点したほうが勝つ。得点を上げるには、すべてのベースにタッチしなければならない。スリーアウトで交代。フライを打ち上げて、ボールを取られたらアウト、落としたらセーフ」

そして試合が始まる。九回裏で同点という局面にくるまで、すべては順調に進んでいた。私のチームはワンアウトで、走者は二人。そこで私が内野フライを打ち上げる。私のルールでは、あなたがそのフライを取ればツーアウトになってしまう。でも、もし守備側がフライを落とし、そのボールが一塁に投げられる前に一塁に駆け込めたら、私はセーフ。さらに、走者が帰ってくれば私のチームの勝ちとなる。

私は打つと同時に一塁に向かって走り出し、あなたはフライを取り損なった。やった！　一塁はセーフで、チームメートがホームベースに帰り、ついに勝ったと私は思う。


しかし、あなたはこう言う。

「君はアウトだ！」

「何だって。君はフライを落としたじゃないか！　君がフライを落としたら、僕はセーフというルールだろ」

するとあなたはこう言い返す。

「そうだけど、ワンアウトで、走者がいる時は例外だ。その場合は、フライを落としても、君はアウトになるんだ。そういう例外があるんだよ」

私は猛然と抗議する。

「試合の途中でそんなルールをつくるなよ！」

あなたは答える。

「僕がつくったわけじゃない。これはインフィールドフライというんだ。誰だって知ってるよ」

私がチームメートのほうを振り返ると、みんなそんなルールは存在しないと言う。あなたが自分のチームメートのほうを振り返ると、みんなそういうルールがあると言う。結局、みんなでルールのことで言い合いになって終わる。

人間関係のストレスの9割は、こんなところにある

これと同じようなことを、人づき合いの中で経験したことはないだろうか。あなたはすべてのルールに則ってプレーしているのに、突然誰かが、「そう、そうなんだけど、この場合は例外だ」と言い出すことがある。あなたはカッとなって、頭に血が上る。ルールのこととなると、人は熱くなりがちだ。

誰だって自分のルールが正しいと思っている。とくに腹が立つのは、相手がルールをでっち上げたり、適当に変えたりした時だ。そして、このようなやりとりは、人づき合いにおいてはつきものだ。

矛盾することわざ

◆石橋を叩いて渡る ⇔ ためらう者は機会を逃す
◆船頭多くして船山に上る ⇔ 三人寄れば文殊の知恵
◆会えないほど思いは募る ⇔ 去る者は日々に疎《うと》し
◆鉄は熱いうちに打て ⇔ 学ぶのに遅すぎることはない
◆隣の芝生は青い ⇔ 我が家に勝る所なし
◆一銭の節約は一銭の儲け ⇔ お金はあの世に持っていけない

実は、「信念や考え」と「ルール」の不一致という矛盾は、多くのフラストレーションを生み出す。男女関係でも、「君を愛しているけど、歯磨きチューブのふたをちゃんとしめないのは理解できないな」とか、「愛してるけど、あなたに怒鳴られると百年の恋も冷めるわ」ということがある。

些細なことに思えるかもしれないが、実は深刻な結果を招きかねない。このような状況に対応する最善の方法は、自分のルールが現実に即していないと理解することだ。

自分が勝手につくったに過ぎない、そのルールを活用し、信頼していたとしても、「最高」

で「正しい」ということにはならない。

ルールは人間関係を改善するものであって、破壊するものであってはならない。ルールがよい人間関係を築くための妨げになる場合は、**「人間関係とルールと、どちらがより重要か」**と自問することだ。

たとえば、恋愛において過去に信頼を裏切られた経験があると、次に他の人と親密な関係を築くのを恐れるようになる。「親しくなり過ぎると、傷つく」というルールを設定してしまうのだ。

しかし同時に、最優先するべき価値は愛で、そのルールは「愛を感じるとは、誰かと親密で気心の知れた関係になること」となっている。

ここに大きな矛盾が生じる。これを解決するには、まず、この二つのルールが全く相容れないものだと理解すること。次に「自分にとって役に立たないルール」と「苦痛」を結びつけ、自分の必要や目的にかなうルールと入れ替えればよい。

人間関係に「これでいいだろう」の慢心は禁物

「自分の人生の主導権を握りたい」
「事業を成功させたい」
「交渉を成功させたい」
「子どもたちに威厳を示したい」
「妻（夫）と仲よくしていきたい」

これらを実現するには、相手の人間関係に関するルールをしっかりと把握し、自分のルールを相手に伝えなければならない。

自分のルールを明確に伝えていないのに、相手が自分のルール通りにしてくれることを期待してはいけない。

同時に、自分も相手のルールを認め、一部でも従うようにしない限り、相手があなたのルールに従ってくれることはない。

たとえば、どんな人間関係でも、つき合いが始まってまだ間もない頃に私がすることの一つは、私のルールを相手に知らせ、相手のルールをできるだけたくさん引き出すことだ。そして「私たちの関係がうまくいっているかどうか、どうすればわかりますか。どのぐらいの頻度で連絡を取り合いますか。何が必要ですか」といった質問をする。

たとえば、あなたにとっての「友だち」を定義すると——

たとえば、有名なセレブの友人と話していたら、自分にはあまり友だちがいないと打ち明けられた。

「本当に友だちが少ないのかい。君のことを気にかけている人は、たくさんいると思うよ。友だちと呼べる人を遠ざけているのは、君のルールのせいじゃないのか」

「とにかく友だちだという気がしないんだ」

「友だちだと実感するには、どういう出来事が必要なんだい」

「実は、僕は自分のルールがどういうものか、意識したことがないんだ」

彼は少し考え込んでから、友情についての重要なルールを挙げた。それは、「友だちなら、少なくとも週に二、三回は僕と話をすること」だった。「それは面白いルールだ」と、私は思った。

「私は世界中に友だちがいて、本当にみんな大好きだ。しかし時々、スケジュールが詰まっていて、親友でも、一、二カ月話をしないこともある。私は朝から晩までセミナーがあったり、一日に電話が百本もかかってきたりする。友だち全員とこまめに連絡を取るのは物理的に不可能だ。それでも、彼らは私の友だちだ」

そして、私は彼に訊ねた。

「私のことは友だちだと思っているのかい」

「頭ではそうだとわかっているけど、あまり一緒に話すことがないので、友だちという感じはしないいな」

「ウワー、それは知らなかった。君が話してくれなかったから、それがそんなに大事なことだとは今の今まで知らなかったよ。もし、みんなにそのことを言えば、みんな君の〝友だちのルール〟に喜んで合わせてくれると思うよ」

私の友情についてのルールはすごく単純だ。

もし友だちなら、無条件でその人のことが大好きで、その人のためなら、どんなことでもする。困った時や、本当に助けが必要な時にその人が電話をかけてきたら、私はその人のためにそこにいる。いったん、この人は本当の友だちだと思ったら、数カ月で友情が薄れたりすることはない。

友だちとはそういうものだ！　それに疑問をはさむことはない。

私の友情のルールは極めてシンプルだから、私には友だちがたくさんいるのだろう。あなたは私を大切にし、私を愛し、私はあなたを大切にし、あなたを愛する。これが友だちだ。

愛であれ、友情であれ、仕事であれ、自分の「ルール」や「基準」を相手に伝えるのは非常に重要なことだ。とはいえ、自分のルールをすべて明確にしても、誤解が起きることはある。一つだけルールを言い忘れたり、自分でも気づいていないルールがあったりするからだ。だからこそ、継続的なコミュニケーションが大切なのだ。

ルールに関する限り、「これでいいだろう」はない。とにかくコミュニケーションを取ろう。

「ねばならない」と「べきだ」の違い

人々の行動と、そのルールの影響力を研究すればするほど、その力強さに気づかずにはいられない。興味深いのは、同じルールでも、決して破られないものと、しばしば破られるものがある点だ。

研究の結果、その答えが明らかになった。**ルールにも階層がある**のだ。あるルールは、それを破ってしまった時のことを考えたくないほど激烈な苦痛がある。だから、滅多に破ることはない。このルールのことを、私は**「限界ルール」**と呼ぶ。

たとえば私があなたに「あなたが**絶対に**やらないことは何ですか」と質問をすると、あなたは限界ルール、つまり、あなたが決して破らないルールを教えてくれるだろう。

一方、「破りたくないルール」というのもある。私はこれを**「個人的規範」**と呼ぶ。このルールを破ると後悔するが、理由の如何によっては短期間なら破ってもよいと考える。

この二つのルールの違いは、**「ねばならない」**と**「べきだ」**の違いで言い表わせる。「やらねばならない」と「やってはならない」のルールが限界ルールであり、「するべきだ」と「するべきではない」のルールが個人的規範である。どちらも人生の骨組みとなるものだ。

「ルール」が多い人生は窮屈になる

「ねばならない」ルールが多すぎると、人生は生きづらい。以前、二十組の五つ子の家族を特集した番組を見たことがある。その中で、それぞれの両親に「たくさんの子どもを育てながら、穏やかでいるために一番大切なことは何ですか」という質問をしていた。

共通していたメッセージは、「あまり多くのルールをつくらないこと」。これだけ多くの子どもたちが動き回り、それぞれ性格も違っているのに、ルールがたくさんあったら頭がおかしくなる。ルールは常に破られるものだ。つまり、ルールが多いほど、絶え間ないストレスにさらされることになる。

このようなストレスはあなたと、そのまわりの人たちに影響を及ぼす。

「スーパーウーマン症候群」という言葉がある。「どんなことでも完璧にこなさなければならない」と頑張り過ぎてしまう現代の女性たちの傾向を表わしたものだ。夫、子ども、両親、友人の面倒をみるのはもちろん、完璧な肉体を持ち、積極的に世界を変え、核戦争を防ぎ、その上、有能なビジネスパーソンでなければならない。

これだけ多くの「ねばならない」を満たさなければ、「人生がうまくいっている」と実感できないとなると、ストレスは相当なものだろう。

“押し流されている”ような人生と感じてしまう時

もちろん女性だけの話ではなく、男性も、子どもも、ますます大きな期待を背負わされ、とてつもないストレスにさらされている。「やらなければならないこと」が多すぎると、人間は人生に対する情熱を失い、ゲームに参加する意欲もなくなる。

自尊心とは「自分の手に人生の主導権がある」と感じられた時に手に入る。状況やまわりに押し流されるようにして生きている時には、決して手に入らない。そして、多くの「ねばならない」ルールがあれば、自分の人生がそれに押し流されていってしまう可能性は非常に高くなる。

たとえば、結婚関係の「ねばならない」ルールにはどのようなものがあるだろう。「夫（妻）は絶対に不倫をしてはならない」というルールを挙げる人は多い。しかし、「夫（妻）は不倫すべきではない」というルールを持つ人もいる。この二つのルールの違いが、結果的にトラブルを引き起こす可能性はないだろうか。その可能性は大いにある。

実際、結婚生活がうまくいかないのは、ルールを決めたのはいいが、それが「ねばならない」なのか、「べきではない」なのかが明確にされていないことが原因だ。

パートナーのルールがどのようなものかを理解するだけでなく、「ねばならない」と「べきではない」のどちらもあり得ることを肝に銘じておくことが必要だ。

「望む結果」を確実に手にするために

特定の結果を導き出すには、「ねばならない」ルールの数を多くし、そのルールを最後までやり通し、行動を起こすことが大切になる。

たとえば、私には素晴らしく引き締まった身体をした友だちがいる。彼女の健康についてのルールの面白いところは、「べきだ」ルールが少なく、「ねばならない」ルールが多いことだ。

彼女に「健康のためにやってはならないことは何か」と訊ねたところ、「タバコを吸ってはならない。薬物で身体を痛めてはならない。食べ過ぎてはならない。エクササイズを一日以上休んではいけない」という答えが返ってきた。

それならとばかりに、「健康のために、やらなければならないことは何か」と訊ねると、またまた長い答えが返ってきた。

「毎日、最低一時間半はエクササイズをしなければならない。きちんとした食事をしなければならない。朝はフルーツだけを食べなければならない。食べ物を適切に組み合わせなければならない。自転車で週に最低五十マイル（約八十キロ）走らなければならない」

もちろん、この他にもいろいろな「ねばならない」ルールがあった。

最後に「べきだ」ルールはあるのか訊ねると、彼女はたったひと言、「もっとエクササイズをするべきだ」。以上！

ところで、彼女には太り過ぎの友人がいる。その友人に、健康になるための「ねばならない」ルールを訊ねたところ、ポカンとするばかりで、彼女には、健康のための「ねばならない」ルールが一つもないことがわかった。

もちろん健康以外のことなら、「食べなければならない」や、「眠らなければならない」という「ねばならない」ルールはある。それなら「べきだ」ルールはどうかと訊ねてみたところ、「もちろん！　もっと身体にいいものを食べるべきだ。エクササイズするべきだ。自分の身体をもっとよく管理するべきだ」ときた。また、「肉を食べるべきではない。食べ過ぎるべきではない」など、「べきではない」ルールもたくさんあった。

この女性は「やるべきだ」と自覚していることはたくさんあるが、「ねばならない」ルールがほとんどないため、不健康なことが苦痛だと感じるところまでは行ってない。なかなか体重を落とせないのもうなずける。

これで〝先延ばしグセ〟と金輪際、手を切れる

もしあなたが、やらなければならないことをいつも先延ばしにしてしまうなら、「プロジェクトに着手するべきだ」「エクササイズを始めるべきだ」のように、「べきだ」ルールを使っているからではないだろうか。

そうではなく、「プロジェクトに着手しなければならない」「エクササイズを始めなければならない」と心に決めたら何が起こるだろう。それを神経系に条件づければ、最後までやり通せるかもしれない。

人間には「システム」が必要だということを忘れてはならない。成功するための明確なルールを持っていない人もいるが、ルールがあれば、より多くの価値を生み出す環境を整えられる。そして、ルールはやり抜くための動機や刺激になる。つまり、成長と拡大をもたらしてくれる。「ねばならない」ルールと「べきだ」ルールのバランスを取り、両方のルールを適切に活用した先に、ゴールはあるということだ。

いつでも自力で人生を改善できる「4つの質問」

以下の四つの質問に答えて、あなたのルールを自分でコントロールできるようにすること。答えは、できるだけくわしく書いてほしい。

①成功を実感するには何が必要ですか。
②(子どもたち、配偶者、両親など、あなたにとって大事な人に)愛されていると実感するには何が必要ですか。
③自信を持つためには何が必要ですか。
④あなたの人生で自分が卓越しているところがあるとしたら、それを実感するには何が必要ですか。

今度はこれらのルールを見ながら、**「適切なルールか。すぐ心地よくなれて、苦痛を感じにくいルールになっているか」**と自らに問いかけよう。

愛されていると実感するためには、百二十九個の出来事が必要だが、拒絶されたと感じるのは、いとも簡単、ということがないようにしよう。

そんなルールになっていたら、基準を変更し、自分の背中を押してくれるルールにつくり直すこと。幸福で、成功を実感できるようにルールを変えるには、**自分自身が主導権を握り、外界があなたの精神状態を左右することがないようなルールをつくる必要がある。**

快感を得るのはとても簡単で、苦痛を感じるのは非常に難しくなるように設定すること。

「快感」と「自分」をつなげやすくする魔法のフレーズ

「快感」と「自分」をつなげやすくするために、**「〜する時は必ず……」**という言い回しを使おう。気分よくいられるために、いろいろな可能性のメニューをつくるわけである。

たとえば、

「私が愛を与える時は必ず、大好きな人たちと共に過ごす時は必ず、新しく出会った人に微笑みかけた時は必ず、旧友と語り合う時は必ず、誰かが親切にしてくれた時は必ず、ずっと私を愛してくれた人に感謝する時は必ず、私は愛を感じる」という具合だ。つまりこれは、あなたが自分に有利になるようにゲームを組み立てることでもある。

「愛を感じる」ための方法を山ほど用意し、いとも簡単に快感を得られるようにすること。そして、あなた自身がコントロールできるたくさんの指標を組み込むこと。そうすれば、あなたが心地よくなるために何もいらないし、誰の助けもいらない。

この中の一つでも実行できれば、あなたは愛を実感できる。

あなたを一番力づける〝究極のルール〟はこれ！

ところで、あなたのためのルールが一つある。「快感」と「自分」をつなげるルールをつくり直す時、あなたは楽しまなければならない。羽目を外して、知らない世界を探検しよう。あなたは、もう少し気楽になってもいいのではないか。

あなたが愛を感じるには、足の指をモゾモゾ動かすだけでもいいかもしれない。おかしいと思うかもしれないが、私には「何があなたを幸せにするか」を決められないではないか。

さらに、自分のまわりにいる人たちが、どのようなルールを持っているか、明らかにすること。ためしにアンケート調査をしてみるといい。そして、子どもたちが家族の一員であるためのルール、学校でいい成績を取るためのルール、楽しく過ごすためのルールを調べよう。

きっと、その結果を見てびっくり仰天するに違いない！　夫（妻）のルールはどうだろう。また、両親、上司、部下のルールはどうだろう。

一つ確かなのは、相手のルールを知らなければ、遅かれ早かれ、あなたは相手のルールを破ることになるということだ。そうなれば、あなたの負けだ。

しかし、もしあなたが相手のルールを理解していれば、相手が次に取る行動を予測し、相手の要求に応えられる。つまり、人間関係の「質」を高められるだろう。

そして、**あなたにとって一番力になるルールは、「たとえ何があっても人生を楽しむこと」**なのだ。

6章

人生の「骨組み」を強固にする法

——「経験値」をプラスに生かす人、生かせない人

Awaken the Giant Within

「経験値」は、あなたの最大の武器

人がある行動を取る理由を知りたかったら、どうすればよいだろうか。性格やアイデンティティ、そして運命さえも形づくったであろう、その人の人生で最も重要で、大きな影響を与えた**経験**が、間違いなく手がかりになるはずだ。

多くの逆境を乗り越え、勝利を手にしてきた人は、きっと確固とした自信（自分や他人に対する信頼や誠意、そして問題を解決する能力）が**経験値というデータ**として蓄積されている。

参照できる経験値のデータが多ければ多いほど、またその質が高ければ高いほど、可能性はより大きくなる。そして、物事の意味や対処法をより効率的に判断できる。

ここで私があえて「可能性」と言うのにはわけがある。参照データが豊富でも、それを有効に活用できない場合が少なくないからだ。

たとえば、サッカーをやらせたら、技術もあり、自信にあふれたプレーを見せる少年がいる。しかし、歴史の授業となると、その自信はどこへやら。ピッチで敵の選手に相対する時のように自信満々でなければ、教室で持てる能力を発揮することはできない。そして、もし教室にいる時のような敗北感と疑問を抱えたまま試合に出たとしたら、ふがいない結果に終わるだけだ。

脳の中の〝参照ファイル〟を有効活用するには

では、どの「経験値」を使うかを決めているものは何か。

明らかにその時の**精神状態**が、どのファイル——つまり、脳の中に保存してあるうちの、どの記憶、感情、感覚、興奮——を選ぶかに決定的な影響を与える。

たとえば恐怖心にとらわれている時は、過去の恐怖の感覚と結びついた経験だけが頭に浮かび、負の連鎖に陥ってしまう（「恐怖心」が「恐怖の参照データ」につながり、「恐怖を倍増」させる）。

誰かに傷つけられたと感じている時は、その人に傷つけられた時のファイルを開き、経験を再確認することが多い。その人が優しかった時のことを思い出して、気持ちを切り替えられない。精神状態こそが、この「経験値」を有効活用できるか否かの鍵を握っているということだ。

繰り返して言うが、**私たちの信念を決定づけるのは、経験値そのものではなく、それを私たちがどう解釈し、どうまとめるか**なのである。

脳は〝経験〟と〝想像〟の区別がつかない

自分が経験したこと——見聞きし、触れ、味わい、臭いを嗅いだものは、すべて脳の中の「巨大なファイル・キャビネット」に保存されている。データは意識的、あるいは無意識に選び出される。自分自身の実体験から得たデータもあれば、人から聞いた情報もある。

そして、あなたの中にこうしたデータを保存していくうちに、少し歪められたり、削除されたり、普遍化されたりといったことが起こる。

実際、データの中には、実際には起こっていないこと、つまり「自分が想像したこと」も含まれ、すべてまとめて脳の中に保存されている。

こうした経験値は、信念や所信を形づくっていく。「自分は知的な人間だ」と思うのは、それを確信できるように特定の**記憶や経験**を活性化させているからだ。つまりテストで一番になったとか、会社経営がうまくいっているとか、難問をうまく解決した経験などを思い出しているのだ。

こうした経験値、つまり**参照データ**（87ページ参照）はすべて、あなたが知的だという思いを支える「テーブルの脚」のような役割を担っている。

自分は自信家だとか、弱虫だとか、思いやりがあるとか、自己中心的だとか、どんなものであれ、自分の考え、認識を裏づけるのに十分な参照データを、誰もが持っている。

大切なのは、自分の人生に活用できる参照データの範囲を広げることである。自分が何者で、何ができるのかという感覚が大きく広がっていくような経験値を注意深く探し出し、参照データを系統立てて、まとめていくことだ。


「世の中についての知識は、戸棚の中ではなく、世の中でしか得られない」

――チェスターフィールド卿（十九世紀に活躍したイギリスの政治家・外交官）

自分の人生を望み通りにデザインする秘訣

つい最近、道端で三万五千ドルの現金の入ったカバンを見つけた人の話を聞いた。彼はすぐに持ち主を探し出し、カバンを返した。誰もが彼の話を聞きたがったが、「お金を持ち主に返すという当然のことをしたまでだから」と、彼はメディアを避け、カメラの前に立つのを拒んだ。

実は、そのお金は六十八歳の女性の命に関わるお金だった。にもかかわらず、彼はそれを自分の手柄にしようとはしなかった。正しいことをして、それを自分の手柄だと主張するのは見苦しい行為だということを、彼は自身の参照データから学んでいたからである。

彼は、気まぐれでそのような行動をとったわけではない。ただ、「そうするべきではない」という確信があっただけなのだ。

あなたの参照データを、よいものも、悪いものもひっくるめて、あなたの経験の糸で織り上げた巨大な布地だと考えてみよう。あなたのマスターシステム（五つの判断基準、83〜87ページ参照）の他の要素――精神状態、自分への「質問」、価値観、信念――を使って、「人生で何をなすべきか」という「型紙」をつくるのだ。

「自分の背中を押してくれる記憶」を自在に引っ張り出せる人

あなたには、いくらでもお望みのデザインができる潤沢な参照データがある。しかも、データは毎日どんどん増え続けている。知性を測る重要な指標の一つは、この参照データという布地をどう利用するかである。目隠しのカーテンをつくるか、誰も到達したことのない高みへとあなたを運ぶ空飛ぶ絨毯《じゅうたん》をつくるか。

あなたは、「自分の背中を押してくれる記憶」をいつでも自在に引っ張り出せるだろうか。

参照データの最も大切な役割は、「確信を与えること」だ。確信がないと、恐怖と疑念に苛《さいな》まれながら生きていかねばならない。そんな状態では、うまく能力を発揮できない。

もしもこの本が突然宙を舞い、あなたの一・五メートルほど前でフワフワ浮いていたら、あなたはうろたえるだろう。

恐怖を感じるのは、そんなことを経験したことがなく、参照するデータが皆無だからだ。赤ん坊が、灰皿に手を突っ込んで、吸い殻を口に入れるのも、それが身体に悪いというデータがないからではないだろうか。

“経験値”は同じでも「将来に差がつく」理由

もう一度聞く。あなたは参照データをどのように活用しているか。自信が高まり、ゴール達成に貢献するような使い方を意識的にしているだろうか。

そうではなく、自分がないがしろにされた経験を引っ張り出してきては、「私はみんなに狙われている」とか、「何かしようとすると邪魔される」とか、「私は愛される価値のない人間なのだ」というような思い込みを強化していないだろうか。

参照データをどう利用するかで、物事をどう感じるかが決まる。なぜなら、物事のよし悪しは、「何と比較するか」で変わってくるからだ。

出張に出かけた女性がホテルにチェックインする時、「悪くないわね」と思えるかどうかは、彼女が過去にどんなホテルに泊まってきたかで決まる。東欧から来た旅行者をアメリカの手軽に泊まれるモーテルに案内したら、きっと設備の素晴らしさに大喜びするだろう。このように物事のよし悪しは、過去の経験との比較によって決まるということを、私たちは忘れがちだ。

私のDWDセミナーでは、セミナーの前に、いつもアンケート調査を実施し、参加者に「自分の人生を形づくっていると思われる経験」を五つ選んで、書いてもらっている。それは、彼らにとって最も強力な参照データであるわけだが、それを見て驚かされるのは、同じような経験から実にいろいろな意味が導き出されていることだ。

中には性的虐待などの経験者もいれば、家庭崩壊や貧困の経験者もいる。そして、そうした経験から、人生は生きるに値しないという信念を導き出す人もいれば、それを踏み台にして学び、能力を伸ばし、成長し、豊かな感性を身につける人もいる。

たとえば、オプラ・ウィンフリー（訳注　アメリカの司会者。自らの名前を冠したトークショーは、史上最高と評される）は少女時代に性的虐待や暴力の被害を受けていたが、今では毎日、テレビ番組を通じて多くの人々の人生に影響を与えている。自分自身の経験を語ることで、同じように過去の傷に苦しむ人々を助けている。

多くのアメリカ人は、「彼女ならわかってくれる」（つまり、自分と同じような苦しみを参照データとして持っている）ことがわかっているので、非常に親近感を抱くのだ。

「想像力」という脚が「確信」というテーブルを支えている

参照データは、実際の経験だけとは限らない。想像の産物も、その一部になる。ロジャー・バニスターというイギリスの陸上選手がいた。彼が記録を打ち立てるまで、人間が一マイル（約一・六キロメートル）を四分以内で走ることは物理的に不可能だと考えられていた。

しかし、彼はそれが可能であることを確信していた。一マイルを四分以内で走り、その壁を壊した瞬間の音や雰囲気を繰り返し想像し、やがて成功を確信するのに十分な参照データを得たのだ。

その確信は、他の人々が抱いていた、「実現は不可能だ」という確信に負けず劣らず確固としたものだった。

人間の**「想像力」は、「意志の力」の十倍も多くの可能性を秘めている**。バニスターは、「想像力」という脚で、「確信」というテーブルを支え、人類史上、未曾有の結果を出した。

自由な想像力は、前例という限界をはるかに凌駕《りょうが》する確信とビジョンを私たちにもたらしてくれる。

バックミラーを見ながら過去に向かって進むな

ソニーの創業者の一人である盛田昭夫氏から、彼の著書『MADE IN JAPAN わが体験的国際戦略』（朝日新聞社刊）が送られてきたことがある。彼は素晴らしく頭の切れる人物だ。ソニーの運命は、個人の運命同様、いくつもの判断と決断の結果である。

この本で、盛田は自身が下した最も重要な決断は、彼の開発した画期的なトランジスタラジオを十万台購入したいというブローバ社のオファーを断ったことだと明かしている。

その頃、ソニーのトランジスタラジオの月間販売台数はわずか一万台に過ぎなかったが、慎重に検討した結果、彼はそのオファーを断った。

その理由は、ブローバ社がラジオを自社の名前で販売しようとしていたからだった。短期的に見ればソニーにとって大きなプラスになるが、ブローバの名前を世に広めるだけで終わると、盛田は考えたのだ。ブローバ社側は彼の返事に耳を疑った。

盛田は言った。

「五十年後、ソニーの名前は貴社に負けないぐらい有名になります。そして、私がつくったラジオがそれを実現してくれるはずです」

盛田の共同経営者は、彼の頭がおかしくなったのではないかと思ったに違いない。盛田が、こんな魅力的で、利益の大きいオファーを断るだけの確信を持つことができたのは、なぜなのだろう。

それは、彼がソニーという会社の未来をしっかりと予測し、「無」から参照データをつくり上げていたからだ。心に思い描いた明確な目標に集中し、明確かつ積極的な信念によってそれを支えたのだ。

「また失敗だ」と落ち込むか、「問題解決に一歩近づいた」と思うか

「失敗するかもしれない」と心が揺れる時があっても、信念があれば、あなたのビジョンを必ずや貫ける。もしトーマス・エジソンが、たった一回の失敗で電球の開発を投げ出していたら、この世はどうなっていただろう。あるいは百回の失敗であきらめていたら？　ありがたいことに、彼は千回以上失敗しても、あきらめなかった。

度重なる実験の失敗から、自分の発明は実用化には適さないと結論づけることもできただろう。しかし彼は、実験に失敗するたびに「少しずつ問題解決に近づいている」と考えた。

バックミラーを見ながら過去に向かって進んではならない。

過去から学ぶ時は、「過去を生きる」のではなく、自分に力を与えてくれるものに集中することが大切なのだ。

読書は心を〝豊かな宝物〟で満たしてくれる

言うまでもないことだが、自分自身の経験だけではなく、他の人の経験も大いに参考にできる。まだ若かった頃、私はすでに成功し、世の中に大きな影響を与えている人に注目した。伝記を読むと、成功者は、生い立ちはどうあれ、常に深い確信に満ち、世のために貢献し、最後には成功しているとわかった。

そして私は、彼らの参照データを自身に応用し、「自分の手で運命は決められる」という信念の核をつくり上げた。

十七年間、ベトナムで捕虜になっていたジェリー・コフィー中佐という人物がいた。独房で長い年月を過ごし、外界から遮断され、楽しみの一つもない彼が正気を保つためにやったことの一つは、自分の内面にある豊かな世界に目を向けることだった。少年時代に暗記した、たくさんの詩や物語を暗唱しては、抜け出すことのできない今の「環境」を変えようとした。

想像力を豊かにする〝自分への投資〟

もちろん、経験や記憶という宝物がどっさり詰まった宝箱を活用することで手に入る「人生の豊かさ」を発見するために、自分から独房に閉じこもる必要はない。

そして、宝箱を満杯にするために、豊かな文学、小説、神話、詩、音楽の世界を探索しよう。読書もよし、映画やＤＶＤを見るもよし、ＣＤを聴くもよし、セミナーに参加するのもよし、人と話すのもよし。そうやって新しいアイデアを仕入れること。その中のどれが自分の人生を根底から変えてくれるか、誰にもわからない。

素晴らしい本を読むと、あなた自身が著者と同じような考え方をするようになる。アーデンの森（訳注『お気に召すまま』の舞台）に遊ぶ時、あなたはシェークスピアになり、宝島に漂着し、島を探検する時、あなたはスティーヴンソンになり、ウォールデン（訳注『ウォールデン森の生活』の舞台）で自然と語り合う時、あなたはヘンリー・デイヴィッド・ソローになる。

彼らが考えるように考え、彼らが感じるように感じ、彼らと同じように想像力を働かせるようになる。それらはあなたの血肉となる。それが文学、優れた演劇、音楽の力である。そのようにして、私たちは人生の糧となるデータを拡張できるのだ。

どんな経験にも「価値」がある

ちなみに、私は以前から、**「悪い経験というものは存在しない」**と思っている。それが私の最高の信念の一つだと思っている。そのおかげで、私はどんなことでも楽しめるようになった。たとえそれが困難なことであっても、楽しいことであっても、どんな経験も何らかの価値を私にもたらしてくれる。一つの経験から、たった一つのアイデアでも、知識でも得られたら、内面が豊かに広がる。

まだ高校生だった頃、私はお金をかき集めては、「自己啓発セミナー」に通っていた。友だちは、私が何度も同じセミナーに行くので驚いていた。そして「どうして同じプログラムばかり受けるんだ」と聞かれたものだ。そうすると私はいつも、反復によって得られる効果の偉大さと、自分が変われば、毎回新しい発見があるという説明をした。

それに、何度も何度も同じことを聞いていると、やがてそれが私の中に植えつけられ、条件づけされていく。つまり、**反復はスキルの生みの母なのである。**

プログラムの復習をするたびに、私は新たな発見をしたり、「知っている」と思っていたことを、以前とは違った角度から見られるようになったりする。その結果、**新しい参照データができあがり、新たな解釈、新たな行動、新たな結果を実現できる**というわけだ。

「私は大丈夫」——この信念ほど強いものはない

私が指導する九日間のマスタリープログラムでは、「精神的、肉体的地獄を経験しながらも、トップに上り詰めた人」の紹介に時間を割く日がある。

私のよき友人であるミケ・デーヴィスは、若い頃に酔っ払った勢いで、川の水の深さが六十センチしかないとは知らずに橋から飛び降りた。その結果、首から下が麻痺してしまった。彼のような人から人生の素晴らしさや、生きていることの喜びを教えてもらうのだ。

もう一人の友人のダックスは、火事に遭い、全身に火傷を負い、失明したが、そのようなハンディキャップにも負けず、今は弁護士として活躍している。

「精神的、肉体的試練を克服した人」が登場する日のセミナーでは、**「私は大丈夫」**という、シンプルかつ奥の深い信念をいかに構築していくかということをテーマにしている。

自らの苦難の物語を語ってくれる彼らに比べれば、出席者は誰一人として問題を抱えてなどいない。彼らが悩んでいた配偶者との諍《いさか》いや子どもの成績や会社の倒産、あるいは目標達成に失敗した経験などは、私の友人たちの話を聞いた瞬間に人生の一大事とは思えなくなる。

自分の成長に〝限界〟を設けるな

反対に、あなたにとって万事順調であっても、世の中にはさらに上を行く人がいる。完璧なスキルを身につけられたと思ったら、さらに高いレベルに達している人に出くわすものだ。それが人生の素晴らしさの一つでもあり、絶えず成長し、能力を伸ばしていこうというやる気を起こさせてくれる。

逆境にも負けず、人々に愛を説き続ける偉大な精神的指導者や、経済的な成功を手にした人などから学び、自分の水準を上げるために彼らの経験を大いに参照することで、とてつもなく大きな力が湧いてくる。

建築家で、ホテル業界の重鎮であるクリス・ヘメターに会った時のことを、私は忘れないだろう。妻と私は、ハワイにある彼の新しい邸宅に招待された。七千万ドルの豪邸で、正面玄関だけでも百万ドルかかったという。

あなたのルールなら、「何という無駄遣い」ということになるかもしれないが、それは同時に事業の発展や、「人間はどこまでリッチになれるか」という意味で、想像を絶する可能性を目の当たりにできる経験でもあった。突然、四百万ドルの私の〝城〟を客観的に眺めることができた。その金額では、彼の家の玄関と大理石製の階段にしかならない！

もちろん私の人生にも、より大きく考え、限界を押し広げ、想像しがたいものを想像するだけの余裕がある。

クリスとパッツィーのヘメター夫妻とつき合うようになって一番よかったことは、彼らが心温かい人たちであることと、彼らが「自分たちの気分を高揚させる環境をつくる」ために富を活用していると知ったことだ。

「ものを見る目が曇ってきた」時、思い出すこと

他の人の生き方を参照することは、ものの考え方や感じ方を変える効果的な方法の一つである。私は、「働き過ぎて、ものを見る目が曇ってきたな」と思うと、セミナーに参加していた

ある人のことをいつも考える。

彼は心優しく、穏やかな人だったが、悪い時に悪い場所に居合わせてしまった。もうすぐ四十五歳の誕生日という時に、彼はあるガソリンスタンドに立ち寄った。そこには刑務所から出たばかりの二人の男が待ち構えていた。あろうことか、この二人は娑婆《しゃば》の暮らしが合わず、何とかして刑務所に戻るために、このスタンドに最初にきた人を殺すことにしたのである。

相手が男だろうが、女だろうが、誰でもかまわなかった。とにかく最初にやってきた人を殺そうというのだ。そして、たまたまやってきたこの男性がガソリンを入れている間に襲いかかり、殴り殺してしまった。

これを読んで、あなたは自分が問題を抱えていると言えるだろうか。

彼は、奥さんと四人の子どもを残して逝《い》ってしまった。知らせを受けて、私は震え上がった。とても信じられない話だった。こんなひどい経験から、どんな「前向きな意味」を見出せというのか。

私の知り合いがこんな目に遭うなんて、想像もしていなかった。私はすぐに彼の奥さんに電話をして、私にできることがあれば何でもすると申し出た。

私の第一の目標は、彼女と子どもたちが、この経験から何らかの意味を見出せるように手を貸すことだった。こんな経験をしたら、「人生は生きるに値しない」と思わずにはいられなくなる。

「人間は邪悪で破壊的な生き物だ。自分がどんなに正しい生き方をしていても、雑草のように簡単に刈り取られてしまう。だから無駄な努力はやめてしまえ」

そんなふうに考えてしまうのは、たやすいことだ。


私は彼女に、子どもたちのためにも、この痛ましい経験に何としても「意味を見出す」ことがいかに大切かを語った。そして、この経験にどんな意味を見出せると思うかと訊ねたところ、彼女はその苦しみの深さは計り知れないが、一つだけいいことがあったと言う。

それは、この事件が新聞で報道されてから、信じられないほど多くの愛情がこもった支援や心遣いをもらったというのだ。その地域の、文字通りあらゆる人から何百通という手紙が届き、支援の手が差し伸べられていた。

そして、「この苦しみには意味がある」と信じられたことで、彼女はこの「人生で最悪の経験」から自分を解放し、前に進む力を得ることができたのだ。

「心で見ないと、物事はちゃんと見えないよ。肝心なことは、目に見えないんだ」
――サン＝テグジュペリ（『星の王子さま』の著者）

“最悪の経験”を「最高の学習」に変える

「最悪だ」と思っていた日々を、その気になれば**「大切な何か」を教えてくれる貴重な授業だ**と考えられないだろうか。

あなたの「最悪な経験」について考えてみよう。その時のことを思い返して、得られるものはなかったか、考えてみよう。失業した時、泥棒に入られた時、自動車事故に巻き込まれた時、いろいろあるが、そこから人間として成長し、人様の役に立つ能力を高めるための「新たな決意」や「気づき」を得たことはないだろうか。

人によっては、なかなか前向きな発見ができないかもしれない。

しかし、本書をここまで読み進んできたあなたは、もう初心者とは言えない。ここにくるまでに想像の翼を広げ、自信の幅を広げてきたはずだ。精神状態をコントロールし、より的確な質問によって集中力を高めてきた。

もし幼い頃に虐待されていたなら、今のあなたは子どもたちの気持ちによく気がつき、虐待の連鎖を断ち切れるような大人になっているはずだ。もし自由のない環境で育ってきたなら、他の人の自由のために戦う気構えを持っているはずだ。もし十分な愛情を注がれずに育ってきたなら、率先して愛情を注ぐ人に育っているはずだ。

あるいは「最悪の」経験があったからこそ、新たな決断ができ、人生の方向を変え、ひいては運命を変えていくことができたのではないか。

最悪の日々こそ、実はあなたにとっての「最高の日々」だったのかもしれない。


しかし、あなたはこう反論するかもしれない。

「過去には全く無意味なこともありました。私はそこから立ち直れません。今もつらいのです」

その通りだと思う。他人にうまく利用されたとか、かけがえのないものを失ったとか、そういう思いを抱き続けている限り、苦悩が去ることはない。

ただ思い出してほしいのは、何かを「失った」と感じるのは頭の中だけのことだ。この宇宙では、「消滅」するものはない。**ただ「形を変える」だけだ。**

もし、心に癒えない傷があるなら、それは自分がそこに「意味」を与えているからだ。あなたがやるべきことは、

「なぜ、こんなことが起きたのかわからないが、私は信じようと思う。いつの日か時がくれば、私にもわかるはずだ」

と自分に言い聞かせることだ。

もし人生を大きく発展させたいなら——

参考にするものが乏しければ、人生に発展性はない。

もし人生を大きく発展・展開させたいなら、意識して様々な経験、知見、アイデアを求めること。

素晴らしいアイデアが自然に浮かんでくることは滅多にない。だから、新しい経験や情報などを自ら積極的に獲得していくことだ。

人生に役立つ経験・知見を広げながら、自分の人生の価値と可能性について、何か大いなるもの、偉大なものと対比させてみてほしい。

たとえば、自分の抱えている問題が必要以上に大きく見えてしまうなら、こう考えてみてはどうだろう。

人間が住んでいる銀河には数千億個の星がある。しかも、宇宙には数千億個の銀河がある。つまり、銀河には数千億個の太陽があるのだ。そしてそれぞれの太陽のまわりを惑星がいくつもグルグル回っている！　宇宙はなんと広大なのだろう。私たちの銀河は、天の川を軸にして数億年に一度だけ一回転する。

そして、広大無辺な宇宙に思いを馳《は》せた後に、平均的な人間の一生（一般的に八十年ぐらい）を考えると、全く見方が変わってくるのではないだろうか。

人間の一生など、ほんの一瞬に過ぎない。それなのに人々は家のローンや、車の選び方とか、次の会議の日程とか、そんなことを死ぬほど心配しているのだ。

〝脳に入れる情報〟は厳しく選別する

古いコンピュータ用語にＧＩＧＯ（Garbage in, Garbage out.）というのがある。これは「ゴミを入れれば、ゴミしか出てこない」という意味だ。

つまり、私たちは毎日、新しい情報、アイデア、コンセプト、経験、感動を仕入れている。その時、必ず心のドアの前に立って、自分の人生を豊かにしてくれるものだけが入ってくるように、あるいは自分の可能性を広げてくれる経験だけを追求するように、**情報を意識して選別**

する必要がある。

とくに子どもの成長を促す時は、彼らの将来に役立つ経験・体験ができるような情報に触れさせるよう、心をくだく必要がある。

それと同時に、人生では何に気をつけるべきかを教える必要がある。

たとえば、あるラップの曲の歌詞に、「女の子のノドをかき切って、死体とセックスする」というフレーズがある。このような歌詞を繰り返し耳にしていたら、子どもと言わず、大人と言わず、破壊的な気分になるはずだ。

この歌を聴いて、誰かがそれを実行することを心配しているのではない。ただ、これは何の意味もない〝ゴミ〟だと言いたいだけだ。歌詞の検閲が必要だと言うつもりもない。この国の魅力は自由が保障されているところなのだから。

しかし、私やあなたには、日々、耳目に触れること・ものが「人生の質に及ぼす影響」を知る権利と責任があると、私は思う。

人生の「引き出し」は多いほどいい

私の人生に**「引き出し」が多い**のは、私自身が常に経験を豊かにしようと心がけ、現在進行形でいい人生を追求し続けているからだ。

私は毎日、少しでも力を伸ばすにはどうしたらいいかを考えている。今の年齢ではとても経験しきれない、何百年分もの経験が私の中に詰まっている。私の一カ月分の、興味深く、人生を豊かにしてくれる経験の数は、普通の人が一年以上かけて経験することに匹敵する。

十七歳の時から続けている私のやり方は、**本を通して豊かな経験を積むこと**だ。若い頃から、「リーダー（指導者）はリーダー（本を読む人）」だと思っていた。本を通じて、私は知らない国を訪れ、エイブラハム・リンカーンや、ラルフ・ウォルドー・エマーソンのような個性的な人たちと出会い、個人的に指導を受けた。また私が抱いた疑問は、ほとんどすべて、本の中で答えを見つけることができるということも知った。何百冊もの読書経験から幅広い知恵を獲得できたから、私は人々のお手伝いをするための、たくさんの**「引き出し」**を持つことができた。

私の精神が必要とする栄養は、夜のテレビニュースや新聞が垂れ流す知的ジャンクフードでは満たされない。もし、そういうものを情報源としていたなら、世間一般の人たちと同じ結果以上のものは期待できない。

「新しい経験」ほど〝価値ある財産〟はない

自分の人生をもっと広げたいと思ったら、ためらうことはない！　今まで経験したことのないことを追求しよう。

スキューバダイビングもいい。海中を探索しながら、生命とは何か、人間とは何かを知ることができる。

スカイダイビングもいい。一万二五〇〇フィート（約三八〇〇メートル）上空で、これからこの飛行機から時速一二〇マイル（約一九二キロメートル）で一分間落ち続けるのかと思うと、実際に飛び出すには「絶対に大丈夫」と信じる必要がある。これを経験しなければ、「本当に信じるとはどういうことか」を絶対に理解できない！

ヘリコプターの操縦を習ってみるのもいい。私が保証する。あなたの人生は根本から変わる。カーレースの学校に行くのもいい。自分の想像をはるかに超える能力と限界を知ることができる。シンフォニーを聴きに行くのもいい。いつも行っているなら、趣向を変えてロックコンサートに行くのもいい。

選択肢の幅を広げよう。気が向いたら、面会時間に小児専門病棟を訪ね、初めて会う子どもたちに読み聞かせをしてあげるのもいい。他人と交流し、その人の人生に触れる術を見つけることによって、あなたの人生は根本から変わるだろう。

あなたも、そろそろ異文化を体験し、違った目で世の中を眺めるべき時期かもしれない。人生に限界があるのは、単に参考にできる経験が限られているからだ。**経験値を広げれば、瞬時に人生が広がり始める。**

これまでエキサイティングで、ワクワクしそうな例を挙げたが、経験値を増やすために全部やれというわけではない（実際、一つもやらなくてもかまわない）。アフリカへ行かなくてもサファリを経験できるように、自分の住む町の路上生活者に彼らの知らない支援の仕組みがあることを教えてあげるだけでもいいのだ。

新たな経験値が一つ加わるだけで、新しい世界が開けるのだ。

「今のあなた」に必要な〝新しい経験〟とは何か

それでは、あなたの人生を形成してきた最も強力な経験・出来事の棚卸しをしてみよう。自分が今のような人間になるのに強い影響を与えたと思われる経験を五つ選んで、紙に書く。また、その経験からどのような影響を受けたかも書き添える。

悪い影響を受けたと思われるものについては、何が何でも、もう一つ違った解釈を書き添えること。そのためには、これまで考えもしなかった「新たな視点」が必要になるはずだ。

人生で起きることには、すべて何らかの理由や意味、目的があり、私たちのためになっている。時には、その意義を見出すのに、何年、何十年とかかる場合もある。しかし、人間のすべての経験には価値があるのだ。

そして、人生の形成によい影響を及ぼした出来事のリストを見直しながら、自分にとって非常に重要になると思われる「新しい経験」とは何かについて考えてほしい。

「最高レベルの成功を手にするには、人生の本当の目標を達成するには、何を参考にしたらよいか、どんな経験が必要か」

と、自問するのもいいだろう。

恐らくあなたがやるべきことは、**人間関係がうまくいっている人を手本にすること**だろう。彼らの信念はどういうものか。どんな経験の持ち主か。あるいは、あなたに必要なのは、人生をよりよく理解し、自分が人々の役に立っていることを実感することかもしれない。

〝面白くて、楽しくて、いい気分になれること〟を増やしていく

次に、楽しくなれる経験・体験について考えてみよう。〝必要〟はないかもしれないが、とにかく面白くて、楽しくて、いい気分になれることがないか、考えてみてほしい。

私は格闘技を習うことにした。なぜなら鍛錬を積むことで、素晴らしい精神状態を体験できるからだ。

私は偉大なテコンドーの師匠、ジュンリーから直接指導を受け、彼の驚くべき集中力を手本

に、八カ月で有段者が締める帯である黒帯をもらった。

「自分を容赦なく鍛え上げる」という経験があれば、他の分野にも影響があるのではと考えたのだが、実際にその効果はあった。

あなたなら何を選ぶだろうか。

思いつくままに、実現できるかどうかは考えずに自由に発想して、新しい経験値リストをつくり、それぞれに予定と、実行する日付を記入しよう。外国語（スペイン語でも、ギリシア語でも、日本語でもいい）を学ぶのはいつか。気球に乗るのはいつか。近くの老人ホームに行って、クリスマスキャロルを歌うのはいつか。

いつもと違う、新しいことに挑戦するのはいつか。

“精神を高揚させる瞬間”を積み重ねる

また、家族のために、どんな有益な経験を提供できるだろうか。

子どもをワシントンのスミソニアン博物館に連れていくのもいい。もっと簡単なのは、子どもとこれまでの経験・体験について語り合うか、おじいちゃん、おばあちゃんを訪ねて、彼らの人生経験について聞くことだろう。六十代、七十代、八十代、九十代の人たちが、私たち、若い世代に伝えてくれるかけがえのない体験談とは何だろう。

私が家族と共有している最も強烈な経験は、路上生活をしている人たちに感謝祭のごちそうを届けたことだ。まだ四歳だった末息子の反応を、私は決して忘れないだろう。

私たちはカリフォルニアのオーシャンサイドにある公園に行った。そしてドアのないトイレの床で、ゴミ箱から拾ってきたボロ切れをかぶって眠っている老人を見つけた。息子は老人の長く伸びたヒゲにびっくりし、少しおびえてもいた。

私は息子に食べ物とサバイバルグッズの入ったカゴを渡して、「さあ、これをあの人に渡して、感謝祭おめでとうと言うんだよ」と言った。息子は、自分と同じぐらいの大きさのカゴを手に、おそるおそるトイレに入っていき、そっと床に置いた。男は酔っ払っているのか、眠っているのか、よくわからなかった。

息子が男に手を触れ、「感謝祭、おめでとう！」と言った瞬間、男は突然起き上がり、息子の手を握った。私は心臓が飛び出しそうになって、男に飛びかかりそうになった。その時、男が息子の手にキスをした。そして、しゃがれた声で囁《ささや》いた。

「気にかけてくれて、ありがとう」

四歳の子どもにとって、こんな強烈な経験はない。

自分という人間は、人生の一瞬、一瞬で形づくられる。自分を枠にはめるのではなく、精神を高揚させる瞬間を追求し、つくり出していこう。

ベンチから立ち上がって、人生のゲームに参加するのだ。想像力を羽ばたかせ、あなたに探索できること、経験できることは何か、考えよう。そして、今すぐ始めるのだ。

今日から始められることで、あなたの人生に広がりを与えてくれることは何か。あなたはどんな人になるのか。行動を起こし、楽しく可能性を模索すること。

大きな変化があなたを待っているだろう。

7章

自分の可能性を〝無限に〟広げるために

――夢、成功、自由、豊かさ……望むものはすべて手に入る！

Awaken the Giant Within

あなたの人生の「核」となるもの

本書を通して、マスターシステム（人生の判断基準）を構成する基本要素の一つであり、すべての価値観をコントロールする「信念」の影響力について考えてきた。

信念は、私たちが物事をどのように評価し、感じ、行動するべきかを教えてくれる。ところが、人生の質に別のレベルで影響を及ぼす、別のレベルの信念が存在する。

わかりやすい例を挙げてみよう。

たとえば、ある特定の友だちについて、「あいつはこういう人間だ」と思うところがあれば、彼の取る行動についてどう考え、どう思うかに強い影響を与えるだろう。そして、彼がどんな行動を取ろうと、「彼はこういう人間だ」という自分の考えに関連づけて受け取るはずだ。

もし、友人は愛情深い人だと「知っている」なら、彼が怒っているように見える時も、「何か理由があるのだろう」と考えて、彼の人柄を疑うことはないだろう。「あいつは愛情深い」という考えは、彼とのやりとりのすべてを導いていくのだ。

だが、相手が知らない人となると、そうはいかない。つまり、「あの人は愛情深い」というのは、親しい友人との関係においてしか影響力を持たない信念なのだ。

一方、人生全体により深く影響を及ぼす包括的な信念がある。

たとえば、いわゆる「人間とは、どういうものか」についての信念は、友人とのつき合い方だけにとどまらず、あなたが出会うすべての人にどう対応するかに影響する。それだけではない。自身の職業選択、信頼度、結婚など、様々な側面で多大な影響を及ぼすだろう。

たとえば、「欠乏」と「豊かさ」に関する信念は、あなたのストレスレベルや、自分の時間、お金、エネルギー、精神にどれだけ余裕を感じられるかを左右する。

もし、この世界は資源が乏しい（限られたお金、限られた時間、限られた愛しかない）と信じていたら、「いつも何かが足りない」という不安と暮らすことになる。そして、このストレスが、あなたの隣人、同僚、自分の経済力、様々なチャンスに対する考え方にも影響するだろう。

「自意識（アイデンティティ）」がすべての鍵を握っている

しかし、これらすべてよりも強力なのは、私たちの「ものの見方」を決定する最後のフィルターの働きをする「核」となる信念である。この信念が自分の人生の行方を、絶えず、そして直接的にコントロールしている。

それは、あなたの**アイデンティティ**に関わる信念である。

自分にできること、できないこと、可能なこと、不可能なこと——その判断が自分の〝本当の能力〟に基づいて下されることは少ない。むしろそれを判断するのは、**自分は「どういう人間か」**という信念である。

実際、何かことを始めるにあたって、「そんなことは〝考える〟ことさえ無理」と思ってしまう時、あなたが誰かに返す言葉はこんな感じだろう。

「そんなこと、絶対にできない」

「そんなことをするタイプじゃないから」

そう、自分のアイデンティティの壁にぶつかってしまうわけだ。

もちろん、それがすべて悪いというわけではない。「自分には人を殺《あや》められない」というのは、とても大切だ！　また、「自分は人の弱みにつけ込むことなんて、できない」というのも、立派な心がけだ。

“自分の住む世界”を決めるもの

そもそもアイデンティティとは何かと言えば、**自分の個性、他の人とは違う自分独自のもの――よい人か、悪い人か、どちらでもない人か――を明確にするために使う信念**のことである。

そして、「自分はこういう人間だ」という確信によって、自分の住む世界の境界線が設定される。

たとえば、自分が社交的で、すごい人間だと確信している場合、あなたはそのアイデンティティにマッチする行動を取ろうとするだろう。

自分自身を「弱虫」と見るか、「乱暴者」と見るか、「派手」と見るか、「地味」と見るかで、自分の能力が存分に発揮できるか否かが決まる。

「君たちには、素晴らしい才能がある」と教師に言われた生徒たちの成績は上がるという「ピグマリオン効果」を知っているだろう。

多くの研究で明らかになっているのだが、**生徒の成績は、教師がその生徒の能力をどれだけ高く見積もっているかに大きく左右される。**

こんな実験がなされたことがある。あるクラスの担任の教師に、「君のクラスにいる一人の生徒は非常に才能があるので、やる気を起こさせ、才能を伸ばすようにしてほしい」と頼んだ。その結果、その生徒はクラスで一番になった。

この実験のポイントは、実際にはその生徒の知的レベルは高くなかったことである。それでも、(教師の「間違った信念」によって植えつけられた)「自分は他の生徒よりも優秀だ」という本人の確信によって、その生徒は優秀な成績を収めることができたのである。

これは、なにも教師と生徒の関係に限ったことではない。他人があなたをどういう人だと思っているかによって、他人のあなたに対する反応は変わる。それは、本当のあなたとは全く関係がないことも多い。

たとえば、ある人はあなたのことを悪党だと思っている。たとえあなたが正直者で、正しいことをしたとしても、相手は「あいつの行動には、きっと裏があるはずだ」と考えるだろう。

そして、**自分にとって大切な人のアイデンティティに対して、自分が恐ろしいほどの影響力を持っている**ことを忘れてはならない。

この力を使って、マーバ・コリンズ（訳注　アメリカの教育者。シカゴのスラム街で学校を創設。〝落ちこぼれ〟と思われていた生徒たちが、四年間でシェークスピアを読めるようになった）は生徒たちに、「運命は自分の力で動かせる」「自分たちは地球上の誰にも劣らない能力を持っている」と信じさせることができた。

「立派な人の一番よい印象というのは、その人がいなくなってから感じられるものだ」

——ラルフ・ウォルド・エマーソン

その〝愚かな習慣〟をいつまで続けるのか

人は、「自分はこういう人間だ」という考えと一致した行動を取る。その見解が正しくても、間違っていても関係ない。なぜなら、**人間は一貫性を極めて重視する**からだ。

生涯を通じて、人は「一貫性の欠如」と多くの「苦しみ」を、そして「一貫性」と「快感」とを結びつけるように習慣づけられる。

考えてみてほしい。「発言」と「行動」が違う人物に、私たちはどんなレッテルを貼るだろう。そういう人は「偽善者、気まぐれ、情緒不安定、信用できない、注意散漫、当てにならない」と言われる。こんなレッテルは誰もが願い下げだろう。

そのため、(とくに公の場で)自分の考えや、自分がどんな人間か、何を目指しているかなど、自分の姿勢を明確にする場合、将来どんな不都合が起きようとも、自分の姿勢を崩してはならないというプレッシャーを経験する。

反対に、一貫性のある明確なアイデンティティに則って生きていくことで得られる見返りは大きい。そういう人は「信頼できる、誠実、落ち着いている、まじめ、知的、頼りがいがある、合理的、忠実」と評される。こういうレッテルを貼られるのは大歓迎だ。

このように一貫性のある生き方をすることは、必然的に「苦痛」をしりぞけ、「快感」を得ることにつながっていくのだ。

「私は、いつもこうなんです」――これほど夢を壊す暗示はない

ピグマリオン効果には、逆の作用もある。たとえば、自分が「学習障害」だと確信したら、それは自分に対する「予言」になってしまう。これは、「今の学習戦略は効果がない」と思うのとは、わけが違う。

適切な教師がいれば、戦略（この場合は勉強方法）を変えることなど、雑作もなくできる。ところが、自分自身を変える――自分の本質を変える――ことは、ほぼ不可能だと思われている。

「私は、いつもこうなんです」という反応は、夢を殺すことだ。それには不変の問題がつきまとっている。

多くの人は、未知のものに対して極度の不安を抱いている。不確実性は苦痛をもたらす可能性が高く、未経験の苦痛より、慣れ親しんだ苦痛に対処するほうが、まだ耐えられると考えるからだ。

絶えず変化し続ける世界——絶えず変化する人間関係、仕事の見直し、環境の変化、絶え間ない情報の流れ——の中で生きていく時、一つだけ変わらないものがあるとすれば、それは自分のアイデンティティである。

「自分は、いったい何者なのか」と自問するようになれば、これまでの人生に対する見解・解釈には、全く根拠がなかったことがわかるだろう。

太り気味の人は、なぜリバウンドしてしまうのか

自分が何者かわからなければ、取るべき行動も決断できない。価値観を確立することも、信念を取り入れることも、ルールをつくることもできない。物事のよし悪しの判断もできない。

「自分が何者なのか」について、新たな信念を持つようになると、その新しいアイデンティティを支えようと、行動が変わり始める。

太り気味で、「私は太っている」というアイデンティティを持っている人も同じだ。そうい

う人はダイエットをして、短期間で体重を落とすが、すぐにリバウンドする。なぜなら、「私は太っている」という「アイデンティティ」と「現実の自分の姿」を一致させようとするからだ。

たとえ破壊的で、やる気をなくさせる信念であっても、「自分は何者か」ということに関しては一貫性を保ちたいのが、人というものなのである。

太り気味の人は、「自分は太っている」というアイデンティティを、「自分は活動的で、健康で、スポーツマンタイプ」というアイデンティティに変えること。そうすれば、行動はもちろん、食事、運動にも変化がもたらされ、必然的にやせていく。

このような変化は、言葉の上だけのごまかしに聞こえるかもしれないが、実際に〝個人の真実〟を根本から変えてしまう。

これまで何度も「人生を変えよう」としてきたものの、いつも長続きしなかったというのなら、行動や感情を変えていこうという挑戦が、「自分は何者であるか」という信念と矛盾していたからに違いない。アイデンティティの変化や拡大は、人生の「質」を根本的、かつ速やかに改善していくのだ。

人生が〝混乱〟する理由

「自分はこういう人間である」と信じている自己像と矛盾した行動を続けていれば、陳腐な表現ではあるが、「アイデンティティ・クライシス」のお膳立てをしているようなものだ。

ひとたび、このアイデンティティ・クライシスに襲われれば、人は混乱し、それまでの信念にも疑問を持つようになる。世界がひっくり返り、激しい苦痛を経験する。これが「中年の危機」を迎えている人に起こっていることだ。

こういう人は自分を若いと思っていて、たとえば、一定の年齢に達したこと、友だちの何気ないひと言や白髪などに大きな恐怖を覚える。

そして、これまでのアイデンティティを何とか維持しようと絶望的な努力を重ね、スポーツカーを買ったり、髪型を変えたり、離婚したり、転職したりと、自分の若さを証明するために、様々なことをする。

もし、自分の本当のアイデンティティをしっかりと把握していれば、こうした危機を経験することはない。アイデンティティが年齢や外見といった「変化が避けられないもの」に依存していると、苦しむのは目に見えている。しかし、もし「自分は何者であるか」の認識に幅を持たせておけば、こうした危機にさらされることはない。

要するに、あなたは何者なのか？

「自分は何者なのか」を明確に定義しない限り、あなたの行動、そして運命は変わらないだろう。

では、自分はいったい何者なのか、少し時間を使って考えてほしい。あなたは何者なのか。

自分自身を定義する方法はいくらでもある。

たとえば精神状態（恋をしている、落ち着いている、緊張している）、職業（弁護士、医者、牧師）、肩書き（取締役副社長）、年収（百万長者）、役割（母親、五人兄弟の長男）、行動（ギャンブラー）、所有物（BMWに乗っている）、比喩（お山の大将）、フィードバック（役立たず、特別）、信仰（ユダヤ教徒）、見た目（美人、醜い、年寄り）、業績（ミスコンテストで優勝）、過去の出来事（私は失敗者だ）といった言葉で自分を説明できる。

友だちや同僚のアイデンティティから影響を受けることも多い。あなたの友だちをよく見てみよう。彼らがどんな人間かは、あなたが自分自身をどう思っているかが色濃く反映されている。もし、自分の友だちがとても愛情深く、繊細なら、あなた自身も彼らによく似たアイデンティティを持っている可能性が高い。

過去・現在・未来のうち、どの時間枠で自身のアイデンティティを定義するかも非常に重要だ。あなたは、過去・現在・未来のうち、どの時期に注目して自分という人間を定義しているだろうか。

数年前まで、私の過去と現在には、あまり見るべきものがなかった。そこで、私は自身のアイデンティティと、自分が思い描く〝未来の姿〟とを意識的に融合させた。その後ようやく、今ある私としての人生が始まったのだ。

自分を〝深掘り〟していく

「あなたは何者か」という質問には、リラックスして、心配ごともなく、関心を持って答えることが重要である。この本をザッと飛ばし読みしていたり、気が散っていたりすると、あなたが必要としている答えは得られない。

ゆっくりと深呼吸しよう。恐怖ではなく、興味を持つこと。不安を取り除き、完璧を求めず、何か特別なものを発見しようとしなくていい。とにかく無心で自分に問いかけよう。

「私は何者なのか」と。

答えを書き留め、また同じ質問をする。そのたびに頭に浮かんだことを書き留め、どんどん深く掘り下げていく。最終的に、最も根本的な信念に行き着くまで、自分自身を描写してみること。

あなたは自分をどのように定義するか。自分という人間の本質は何か。自分自身を表現するのに、どのようなたとえを用いるか。自分はどのような役割を演じているか。

好奇心旺盛な状態ではなく、恐怖心や不安、ためらいがあると、自分のアイデンティティを的確に把握できない。

しかし、落ち着いて、精神状態を整えれば、示唆に富んだ答えを得られるだろう。そして、その答えが、「あなたが今、求めているもの」であるといいのだが！

もし自分の名前を「人名辞典」にのせるなら――

さて、それではソクラテスからサルトルまで、哲学者たちが常に頭を悩ませてきた質問に答えてみよう。好奇心を働かせながら、深呼吸をして、自分に問いかけよう。

「私はいったい何者なのか」

私は……

「自分が何者か」を明らかにするためのヒントとして、アイデンティティとは「他の人と自分の違いをはっきりさせるためのものだ」ということを頭に入れておこう。まずは練習だ。

①あなたの名前を人名辞典で調べるとしたら、どのような説明が出ているだろうか。

ほんの二言、三言で終わりか、それとも一ページ、あるいは本一冊分にもなるか。自分自身の説明を人名辞典に入れるとしたら、どんなふうになるか、実際に書いてみよう。

私についての辞典の説明

「　　　　　　」

自分の書いた答えに納得がいったら、次の練習に進もう。

②あなたの本当の姿を示す身分証明書をつくってみよう。そこには何を書くか。そして

また何を書かないか。

写真は入れるか。生い立ちは？　身長・体重は？　経歴は？　精神状態は？　信条は？　所属は？　希望は？　モットーは？　能力は？　あなたの本当の姿を示すためには、身分証明書に何を入れ、何を省くか、よく考えよう。

私の身分証明書

ここに書いたことは、自分の人生の物語そのものである。それについて、どう思うか。時間をかけて、自分という人間を正しく理解し、そこから生まれる深い感情を感じてほしい。

もし自分のアイデンティティが苦しみを生むものなら、そのアイデンティティは、自身が選んだものであり、一瞬で変えられると理解すること。今では、その力が備わっているはずだ。

「限界」は自分の心の中にしかない

デブラという私の友人は、冒険好きで、大胆で、元気いっぱいの女性だ。最近、自分が経験したアイデンティティの変化について、彼女は次のように語ってくれた。

「私は子どもの頃は**弱虫**で、運動もせず、危ないことは一切しませんでした」

彼女は何度かセミナーに参加し、新しいこと（スキューバダイビング、火渡り、スカイダイビング等）を経験してみて、「頑張れば、どんなことでもできる」と理解した。

ところが、そうした新しい経験を積んできたにもかかわらず、まだ「新しい信念」を自分のものにできていなかった。そのため、自分を「スカイダイビングをする弱虫」だと思っていたのだ。

しかし、本人が知らないうちに、**事態は進展していた**。彼女が言うには、自分のチャレンジに対して、まわりから「あなたみたいに根性があればいいんだけど。あなたってすごく大胆ね！」と言われるので驚いたそうだ。そして、他人から何度もそんな言葉をかけられるうちに、自分に対する自己評価に疑問を感じるようになっていった。

「最後には、『自分は弱虫だ』という考えに嫌気がさしてきました。弱虫だと思っている間は、自分で自分に限界をつくってしまうからです。**私は、これ以上、そういう生き方はしたくない**と思いました」

〝弱虫な自分〟から〝大胆で冒険的〟な自分への飛躍

この間、彼女は「友人から見た自分」と、「自身が持つアイデンティティ」の不一致を解消すべく全力を尽くしていた。

そして、次にスカイダイビングをしに行った時、彼女はそれを〝可能性〟から〝現実〟への「飛躍のチャンス」だと考えた。つまり「もしかしたら、こうかもしれない」自分から、「こうである」自分への飛躍だ。

「大胆で冒険的」という自己認識を、〝一つの見方〟から〝確固たる信念〟へと押し上げる時がきたのだ。

飛行機が高度一万二五〇〇フィート（約三八〇〇メートル）に上昇するまでに、デブラは他のもっと経験の少ないメンバーたちが、恐怖心と戦っているのを見て、こう考えた。

「私も昔は、ああだった。でも、**私はもう、そういう人間ではない**。今日は楽しまなくちゃ！」

彼女は不安そうな他のメンバーと、彼女が目指す新しい自分の姿とを対比させた。

「以前の私の反応は、ああだった」

そして、自分が大きな変化を遂げたことに気づき、驚いた。彼女はもはや弱虫ではなく、大胆で、力強い女性になり、最高に楽しい時間を過ごそうとしていた。

彼女は、最初に飛行機から飛び降りた。降下しながら、彼女は喜びと高揚感で叫ばずにはいられなかった。これほど身体にエネルギーが満ちあふれ、気持ちが高まったことはなかった。

彼女が瞬時に「新しいアイデンティティ」を受け入れるために〝最後の一歩〟を踏み出すことができたのは、「他のメンバーの手本とならなければ」という意識があったからだ。

彼女は私にこう言った。

「あなたがやっていることと同じですよ。恐怖を克服し、自分の限界を越えるためのセミナーを主催しているのに、火の上を歩くのを拒否したら、何もうまくいかないですよね。**言葉だけではなく、行動で示さなければならないのです**」

デブラの変身は完了した。新たに手に入れた経験値によって古いアイデンティティが崩されていき、より可能性に満ちたアイデンティティを持とうと決断した。そして、絶好の機会をとらえて、新しいアイデンティティと昔の自分を比較してみたのだ。

これが変化を起こすために必要な〝最後のきっかけ〟になった。現在、彼女は、本当の意味で、大胆なリーダーになっている。

「過去の自分」を脱ぎ捨てるのに遠慮はいらない！

もちろん、あなたはいつでも自分を定義し直すことができる。子どもの心と魂は驚くべき想像力に満ちている。ある時は覆面の復讐者・ゾロ、またある時はオリンポスの勇者・ヘラクレス。そして、またある時は現実のヒーローであるおじいちゃん。

アイデンティティの変化は、人生において最も楽しく、魅惑的で、自由な経験である。大人がハロウィーンやニューオリンズのマルディ・グラ（訳注　謝肉祭の最終日。パレードや音楽でにぎわう）を楽しみにする理由は、この日だけは〝普段とは違う自分〟でいることが許されるからだ。

本当のことを言えば、「特別な日」「普段とは違う自分を発揮する日」は、毎日であってもかまわないのだ！　自分を完璧に定義し直すか、「本当の自分らしさ」を発揮するだけでいい。

いつもはおっとりしたクラーク・ケントが、メガネとビジネススーツを脱ぎ捨て、無敵のスーパーマンになるのと同じように、あなたも自分のいつもの行動、過去の自分、自分で自分に貼ったレッテルをはるかに超えたアイデンティティを手にできるのだ。

自分をつくり変える4つのステップ

自分のアイデンティティが、「実は一〇〇％気に入っていない」のなら、今すぐ、次の四つのステップを始めること。

「自分の決意次第で自分は変われる」——そう実感することで心の奥底から湧き上がってくるエネルギーを、思う存分楽しんでほしい。

①今すぐに、アイデンティティに入れておきたい要素のリストをつくる。

「こうなりたい」と思うロールモデルはいるか。新しいアイデンティティと自分を一体化できるか。

「こうなりたい」自分はどんなふうに呼吸し、歩き、話し、どのように考え、感じ、想像するか。

②今すぐ、自分はどんな人物になりたいのかを、自分の意志で決める。

自分のアイデンティティを広げ、より人生のスケールを大きくしたいと心から思うなら、子どものようにワクワクした気持ちで、自分はどんな人物になってみたいのか、詳細に表現、描写すること。

③「自分は本当に新しいアイデンティティに沿った生き方をしている」と意識できるようなアクションプランを考える。 プランを立てる時も、一緒に過ごす友人は慎重に選ぶこと。その友人は、あなたの計画を後押ししてくれるだろうか、それとも足を引っ張るだろうか。

④周囲にいる人全員に、あなたの新しいアイデンティティを知らしめる。 ただし、この最後のステップで大切なのは、一番知らしめるべきは自分自身だということだ。毎日、新しいレッテルを自分に貼り続ければ、やがてそれは自分の中で定着する。

「最高の自分」を目指せ、小さな「型」にはまるな！

練習が終わっても、さらにアイデンティティを改善し、広げ、もっとよいルールをつくりたいと、あなたは思うだろう。

世の中は変化が激しいので、人生の質を高めようと思えば、絶えずアイデンティティを拡張していく必要がある。それには、アイデンティティに影響を及ぼすものに注意しよう。それは自分の能力を引き出してくれるか、その反対か。あなた自身の手で自分のアイデンティティをしっかりコントロールすること。さもないと、自分の過去から逃れられなくなる。

ここで聞いておきたいことがある。**今のあなたは、この本を買う前の自分と同じか、それとも違うか。**

私は絶えず自分自身のことを定義し直している。人々は、新たな試みに挑戦する際の私の自信の大きさに驚きを隠せないようだ。

「あなたはどうして、そんなに多くのことを成し遂げられたのですか」と、よく聞かれる。その理由の一つは、私のものの見方が他の人とは違っているからだと思う。

普通の人は、まず能力を高め、それから自信が持てるようになるが、**私はまず自信を持つ**ので、必要な能力が身につくまで確信を持ってやり通すことができる。

だから私のアイデンティティは、過去の経験などによって限定されることがない。

あなたの情熱は〝着火の瞬間〟を待っている

もしも今日「あなたは何者か」と聞かれたら、私は可能性を創造し、喜びを生み出し、成長を促し、人を育て、情熱をプロデュースする者だと答えるだろう。

私はアメリカに数多くいる、自分を変える心理学のエキスパートの一人に過ぎない。

私はコーチであり、起業家であり、夫であり、父であり、恋人であり、友人であり、エンタテイナーであり、テレビタレントであり、ベストセラー作家であり、この国屈指の講師であり、黒帯であり、ジェットヘリコプターの操縦士であり、国際的なビジネスマンであり、健康のエキスパートであり、慈善家であり、教師であり、違いのわかる男であり、治療師であり、挑戦者であり……楽しく、型にはまらない、控えめな男である！

自分の最高の部分を自分のアイデンティティとし、まだ完璧にこなせない部分は、欠点なのではなく、「これから進歩の可能性があるところだ」と考えている。

自己イメージを限りなく大きく持つことだ。自分に貼ったレッテルは、自分の限界を示すものではなく、可能性をさらに高めるものでなければならない。どのようなアイデンティティであれ、それを実現する。それが信念の持つ力なのだ。

自分の「魂」に恥じない生き方を！

私は、人生のあらゆる側面を正しく理解する力を伸ばしたいと、常に思っている。そのため、ユニークな経験ができることはないかと、いつも探し求めている。

数年前、私はベルビュー病院の遺体安置所を訪問することにした。というのも、精神科の責任者を務めていた友人のフレッド・コーバン先生に、**命を理解するには、死を理解しなければならない**と言われたからだ。

先生のオフィスに着いた時は、妻も私も不安でいっぱいだった。先生は私たちを座らせ、最後までひと言もしゃべらないように、というアドバイスをくれた。「なりゆきにまかせて、どういう感情が湧き上がるかに注意するように。後でゆっくりお話ししましょう」と言われた。

何が起こるかわからないまま、私たちはドキドキしながら先生の後から階段を下りていった。

先生が案内してくれたのは、身元不明遺体の安置室で、その多くは貧困層の人たちのものだった。最初の引き出しの死体袋のファスナーが開けられた瞬間、全身を悪寒が走った。目の前にいるこの「人」からは、空虚感しか覚えなかった。妻は、遺体が動いたと思って、震え上がった。後から先生に聞いたところ、妻のような反応は極めて一般的なものらしい。全く動かない肉体、生命の脈動のない肉体を前にすると、どう反応していいかわからないのが普通なのだ。次々と引き出しが開けられるたびに、私は何度も同じ感覚に襲われた。そこには誰もいない。肉体はあるが、人がいない。死が訪れると、生きている時と体重は変わらないが、その人の本質（それが、どのようなものであれ）は、そこにはない。

肉体が人なのではない。

進むにつれて確信は深まった。ここにないものは、目に見えず、重さのないアイデンティティ、生命の本質、つまり魂だった。

生きている間も、私たちは「肉体が自分ではない」ことを肝に銘じておかねばならないと思った。私たちは自分の過去でもなく、その瞬間の行動でもない。

生命という「神秘的な贈り物」に感謝する

この経験で、私は生命という「神聖な贈り物」に計り知れない感謝の念を覚えた。自分がどれだけ恵まれているかを思い出すには、ほんのちょっとした比較対象があるだけで十分だ。
最近、作家のウエイン・W・ダイアーを訪問した時、彼がこの気持ちをうまく言い表わしてくれた。

「私たちは霊的経験を持った人間なのではなく、人間的経験を持った霊的存在なのです」

彼の言葉は、私の感覚を的確に表現している。

アイデンティティというのは、私たちが日々経験することの土台であり、根幹である。
私たちの本当のアイデンティティとは、定義できるものではなく、言葉で説明できないほど偉大なものなのだと思う。私たちは魂であり、霊なのだ。「自分は何者なのか」ということを心に留めておけば、すべて納得がいくのではないだろうか。
「人間は霊的な存在である」とわかって行動する限り、一人ひとりを孤立させるつまらないゲームは必要ない。心の奥底では、すべての創造物はつながっていることを確信しているのだから。

「こんな人になりたい」――その人物に〝なりきってみる〟

「そんなことは絶対に無理だ」とか、「それは僕らしくない」と言っている自分に気づいたら、自分の発した言葉の意味について考えてみてほしい。自分の可能性を制限していないか。

あらゆる機会に自分のアイデンティティを広げていくこと。自分にはできそうにないことにチャレンジし、その新しい行動を、「自分は自分で思っている以上の人間だ」という確信を裏づけるための経験値として保存しよう。

手始めに「私には他に何ができるだろう？　他に何になれるだろう？　どんな人物になろうとしているところか？」と自分に問いかけてほしい。自分の価値観と新しいアイデンティティのリストを思い出し、環境に左右されることなく、実現に向けて邁進《まいしん》すること。

「すでにこの目標を達成した人と同じように行動しよう。息の仕方はこう。動き方はこう。人と接する時はこう。そういう人と同じ威厳と敬意と思いやりと愛を持って、人には接しよう」

自分が「こういう人になりたい」と思った人と同じように考え、感じ、行動すると決意すれば、あなたはそういう人になれる。

その人の「ように」行動するのではなく、その人に「なる」のである。

人生の分岐点――この〝決断〟ができるか

今、あなたは分かれ道にいる。これから下す決断は、一生で一番重大な決断だ。

過去を忘れよう。今のあなたは誰なのか。

今、あなたは誰になろうと決めたのか。以前の自分について考えてはいけない。今のあなたは誰なのか。あなたは誰になろうと決めたのか。自覚を持って、この決断をしよう。注意深く、かつ決然と。

肝に銘じておいてほしいことがある。自分の「人生の質」を変えるために、この本で説明したことをすべて実行する必要はない。もし、マスターシステム――つまり精神状態、自分への「質問」、価値観、信念、参照データの五つのうちの一つでも変えられれば、人生全体が変わるだろう。

いつもの「質問」を変えるだけで、今までとは焦点が変わり、人生そのものが変わり始める。「価値観」を変えれば、人生の方向性が変わってくる。力強く、実力を発揮しやすい状態に身体と心の状態を整えれば、考え方や感じ方が変わる。これだけで、あなたのアイデンティティを変えられる。同時に、世界についての「信念」も変わる可能性がある。「参照データ」を補強すれば、それがあなたの人となりをつくり上げるための原材料になる。

そしてもちろん、自分のアイデンティティを広げるという決断は、実質的にすべてに変化をもたらすだろう。


自分をつくり変え、過去の自分を脱ぎ捨てて、「今、なりたい」と思っている自分を明確にしようとする時、あなたは何度もこの本を読み直すだろう。

楽しくやろう！　自分という人間の可能性が絶えず広がっていく感覚は冒険に似ている。


次に、学んできたことを生かして、簡単なエクササイズをする「七日間のチャレンジ」を始めよう。この本で書いてきた戦略を生かし、輝かしい「成果」を自分のものにするチャンスだ。

8章

あなたの人生を変える奇跡の7日間

――たった1週間のチャレンジで、すべてが見違える！

1日目 運命を支配する「感情」を味方につける

目標：感情を安定させ、毎日、経験することを意識的、計画的につくり変える。

真の成功には、〝感情面での成功〟が不可欠だ。しかし、言葉で説明可能な感情が三千種類もある中で、平均的な人が平均的な一週間に経験する感情は、わずか十種類ほどに過ぎない。だからといって、それだけの感情しか感じる余裕がないというわけではない。その時、何に意識の焦点を当てているか、また身体の生理状態によっても制限されているのだ。

「感情」についての知識を学んできた結果、あなたは自分が変えたいと思った感情を素早く、確実に変えられる多くのツールを身につけた。もうおわかりだと思うが、「感じ方を変える」とは、文字通り、あなたの行動、振る舞いの裏側にある「動機づけ」を変えるということだ。日々感じている否定的な感情のパターンに対処するために、事前対策的なプランを立てること。肯定的な感情で過ごせる時間を増やし、その質を高めることも大変に重要だ。

自分の精神状態を変えるために武器となるスキルについては、『一瞬で自分を変える法』『アンソニー・ロビンズの運命を動かす』、そして本書で説明してきた。自分の生理状態を変えたり、信念や価値観の力、経験値、アイデンティティなどについての知識・スキルを十分に生かしてほしい。

一日目のエクササイズの目的は、現在の自分の「感情パターン」を認識することだ。そして、毎日、自分が抱く感情を自分で決めていくのに必要なスキルを、できるだけ多く活用できるようになることである。

本日の課題

①平均的な一週間に経験する感情をすべて書き出す。
②それらの感情の引き金となる出来事や状況を書き出す。
③「否定的な感情」に対する〝対抗策〟を考える。その経験を説明する言葉を変えるべきか。この精神状態についての信念を変えるべきか。自分に新たな「質問」をするべきか。「問題そのもの」ではなく、常に「解決策」に意識を集中させねばならない。古くて、窮屈な感情を、新しく、自信を与えてくれる感情に入れ替え、新しいパターンを定着させるために、今日という日を利用しよう。

2日目 自分の「肉体」を喜びの王宮につくり変える

目標：「望む体型」や「活力・精力」を手にする。

長年、私は各分野の「第一人者」と思われる人々を追究してきたが、体調管理と健康は、十年以上前から私の第一の関心事だった。いろいろ調べ始めた当初は、同じような資格を持つエキスパートたちの意見が実に様々だったので、大混乱に陥ったものだ。

こうした時、まず第一に基準にすべきは「結果」だ。常に質の高い「結果」を出すエキスパートこそ、私が手本とし、教えを請うべき人だった。

健康について患者に助言をしながら、自分は二十キロも標準体重をオーバーしているような医者は信用できない。それと同様、やせ衰え、たくさんのケガを抱え、エネルギーレベルの低いフィットネスのエキスパートの能力にも疑問を感じてしまう。

初めてステュー・ミトルマンとその業績——一日二十一時間、睡眠はわずか三時間で、十一日間を休まず走り続け、一〇〇〇マイル（一六〇〇キロメートル）を走り抜けた——について知った時、その驚異的な能力に脱帽した。

とくに彼が一〇〇〇マイルを走りきった姿を見た人から、「スタートした直後の彼よりも、ゴールした後の彼のほうが調子がよさそうに見えた」という話を聞いてから、私は彼にすっかり夢中になった。彼はケガをしなかったどころか、マメ一つこしらえてはいなかった！

肉体の限界を超え、しかも**肉体を傷つけることなく**、さらに能力を高めるために、いったい何が必要なのだろう。

もちろんミトルマンは、走るために十分な準備をした。スポーツ心理学、社会学、社会心理学の修士号を取り、コロンビア大学で運動生理学の博士号を取るために研究をしている。しかし彼にとって最も貴重な知識は、**健康と体型はイコールではない**ということだった。

多くの人は、「引き締まった体型と健康は別物だ」ということを理解できない。それは、フラストレーションを感じながら規則正しくトレーニングしているのにもかかわらず、お腹のあたりの約三～五キロの贅肉が消えずにイライラした経験があるからだ。何という無力感！

それよりもたちが悪いのが、運動を生活の中心にすえているのだから、もっと健康になれると思い込んでいる人たちの現状だ。彼らは頑張り過ぎで、過労や病気、情緒不安定に向かって突き進んでいる。

「健康」と「鍛えられた体型」はイコールではない。引き締まった体型は「運動をするための肉体的能力」を示しているが、健康とは、「身体のすべてのシステム——神経系、筋肉組織、骨格、消化器系、リンパ系、ホルモン系——が最高の状態で機能していること」と定義される。

体型が健康度を示していると思っている人が多いが、実際にはこの二つは必ずしも相関関係にあるわけではない。

もちろん、健康で、身体も引き締まっているのが理想だが、健康を第一に考えることが人生に大きなプラスになる。健康を犠牲にしてまで引き締まった体型を手に入れても、その素晴らしい肉体を堪能するほど長生きできないかもしれない。

「健康」と「体型」の〝ベストバランス〟を手に入れるには

現代人は、ますます身体を動かすことが少なくなっている。ほんの数十年前まで、身体を使わなければ毎日の生活を送ることはできなかったが、今は以前の生活ではあり得なかった「運動不足を解消する」という大きな欲求が生まれ、エクササイズを自分に課すようになった。

残念ながら、前向きにエクササイズに取り組んでいる人たちも、運動能力の高いアスリートも、健康を失いつつある。短期間で最大の効果を得たいという欲求から、「健康」と「体型」

のバランスをうまく取れず、体調を崩しているのだ。
だが、それを解決するのは簡単だ。ステュー・ミトルマンによれば、健康と体型を両立させるのがコツだと言う。ミトルマンのトレーナーであり、「マフェトン理論」（自分の年齢や身体状況を考慮に入れた心拍数を維持しながらトレーニングすることで、脂肪が効率よく燃え、故障知らずの肉体が手に入るという理論）を考案したフィリップ・マフェトン博士の言葉を引用しよう。

……すべてのエクササイズプログラムは、無酸素運動は除外し、有酸素運動だけでプログラムを構成するところから始まる。この基礎期間は最短で二カ月、最長で八カ月とする。基礎期間が終わったら、週に一回か二回、時には三回の無酸素運動をする。有酸素運動だけでは、優れたアスリートにはなれないが、腰のあたりの余分な脂肪を燃やし、免疫機能を高め、元気になることはできる。しかもケガをしにくくなる。これが、有酸素運動で代謝を整え、可能ならば無酸素トレーニングも加えることで、健康と引き締まった体型を実現する方法である。

有酸素運動を習慣にすることで、身体にはエネルギーがあふれ、耐久性も手に入る。有酸素運動を習慣にすることで、より多くの酸素（エネルギーと健康の源）が身体のあらゆる器官に送られるようになる。

問題は、理想的な心拍数を超えるまで頑張り、無酸素運動に精を出す人が多いことだ。もし、まだ有酸素運動だけでプログラムを構成する基礎期間を終えていないなら、すべての無酸素運動は耐久力の無駄遣いである。自分にムチ打って、引き締まった体型を手に入れようとする人は、心拍数を最大にまで上げてしまう。

従来、最大心拍数は、二二〇から自分の年齢を引いた数といわれている。三十五歳の人が最大心拍数を一九〇まで上げるようなきつい運動を長時間続ければ、身体にとんでもない悪影響を及ぼすだろう。

最初から全力で無酸素運動をすると、危険な状態になる場合がある。無酸素運動で最も酸素を必要とする筋肉に必要な血液を供給するために、肝臓や腎臓のような重要な器官から血液を回そうとするからだ。そのため、健康は著しく損なわれる。こんなことを続けていると、体力が衰え、病気になり、死に至ることさえある。

大切なのは、常に有酸素状態でトレーニングすること、身体を代謝させることだ。身体はきちんと鍛えなければ脂肪を燃やせない。もしお腹のあたりのしつこい脂肪を落としたいなら、有酸素運動で脂肪を燃やせる身体づくりをすること。そして有酸素運動の最大の利点は、アメリカ人の死因の第一位である心臓病の原因となる動脈の詰まりを予防できることだ。

「脂肪抜き」の食事は効率的に脂肪をため込む!?

食事から脂肪分を一切排除することに血道を上げている人の身体は「緊急事態」に陥り、かえって効率的に脂肪をため込むようになる。飢餓状態になっていると身体が勘違いし、そのため、普通の食事パターンに戻った時、同じものを食べていても、より多くの脂肪をため込むようになり、落とす前よりも体重が増えてしまう。

だから、いつまで経っても「あと五キロ」を落とすことに躍起になることになる。

五キロ体重を減らしたいという人に、私はいつも「**何を**五キロ減らしたいのか」と訊ねる。彼らのやっているエクササイズは水分や筋肉は減らすが、脂肪は減らさないものであることが多い。

また、十年前と体重は同じでも、筋肉が脂肪に変わっていて、あまり健康ではない状態になっていることもある。筋肉は脂肪よりも重いので、もし体重は変わっていなくても、脂肪が増えている可能性もあり、これは大問題だ!

脂肪の摂取量は、摂取カロリーの二〇～三〇％を超えないのが望ましい。しかし、脂肪の摂取量に一喜一憂するよりも、代謝を上げて脂肪を燃やしやすくする**有酸素運動**をすること。あなたも脂肪を効率よく燃やせる身体を、手に入れたくはないだろうか。

これが有酸素運動の「3つの鉄則」

有酸素運動をする時には、三つの鉄則がある。

第一に心拍計を装着すること。そして有酸素運動をするのに、理想的な心拍数になるまで、ゆっくりとウォーミングアップをすること（次ページ参照）。

ウォーミングアップの目的は二つある。

①全身に蓄積されている脂肪酸を血流内に徐々に移動させ、脂肪を燃焼させやすくする。ウォーミングアップをしないと、無酸素運動になる可能性がある。

②筋肉の痙攣《けいれん》を予防する。ウォーミングアップは約十五分行なう。それによって、重要な器官からいきなり血液を迂回《うかい》させるのではなく、必要なところに徐々に血液が供給される。これは運動による組織の損傷を防ぎ、健康を増進するための重要なポイントだ。

理想的な心拍数の計算法（マフェトン博士の「180 公式」）

180 から、あなたの年齢を引く＝理想の心拍数
（ぎりぎりのところで無酸素運動にならずに、有酸素運動を継続できる心拍数）

☆ 病気の回復期にある人や、薬を服用している人は、さらに理想の心拍数から 10 を引く。

☆ 今までエクササイズをしたことがない人、ケガをしていたり、トレーニングのペースを落としている人、風邪を引きやすい人、アレルギーのある人は、理想の心拍数から 5 を引く。

☆ 2 年間以上、とくに問題なく継続してエクササイズをしている人、年に 1、2 回しか風邪やインフルエンザにかからない人はこのままの心拍数。

☆ 2 年以上、全く問題なく継続してエクササイズをし、ケガもなく、試合などで好成績を上げている人は、理想の心拍数に 5 を足す。

エクササイズプログラムを開始する前に、
医師に相談すること。

第二に、有酸素運動域でのエクササイズを二十分以上、継続して行なう。三十～四十五分が理想的である。

第三に、十二～十五分間のウォーキングなど、軽い運動でクールダウンすること。

エクササイズは苦しかったり、筋肉痛になったりするからイヤだと思う人が多い。忙しくて時間も取れないと思う人もいるだろう。しかし一度試してみると、いろいろとうれしい発見がある。まず、ここで紹介した方法だと、楽しく、苦労せずにできるし、今までに経験したことのない活力を実感できる。

どれぐらい時間がかかるか心配な人は、限られた時間を最大限に活用する方法を考えよう。ウォーミングアップをしながらCDを聞いたり、本を読んだり、ニュースに目を通したり、朝夕のパワークエスチョン（『アンソニー・ロビンズの運命を動かす』127～128ページ）に挑戦したり、自分の「人生で大切にしたいこと」と「ルール」を確認したりと、生産的に時間を使うことができる。

ステュー・ミトルマンによれば、少なくとも週に三回、ウォーミングアップを十五分、有酸素運動を二十分、クールダウンに十五分のワークアウトをするのが望ましい。その後、様子を見ながら、エクササイズの時間を延ばしていってもよい。

この〝楽しさ〟に目覚めたらしめたもの！

もちろん私は、有酸素運動だけが意味のあるエクササイズだと言っているわけではない。有酸素運動を始めて二～四カ月くらい経ったら、ウエイトを使った反復運動のような無酸素運動を加えてもいい。自分の身体の声によく耳を傾けてほしい。海岸を走っていて、急にダッシュしたくなったらすればいい。身体のことをよく知り、もっときつい運動に挑戦する体力があるかどうか、見極められるようにしよう。

人間は熟年になっても耐久力を維持・向上させることができると、ミトルマンは保証してくれた。年を取ったからといって、弱々しくなるとは限らないのだ。年齢が健康を左右するわけではなく、健康的なライフスタイルが重要ということだ。

生まれつき脂肪を燃やしやすい身体を持っている人や、スピードやパワーに恵まれている人もいるが、**意識的に肉体を健康に保つことで、誰でも耐久力と活力を手に入れられる。**

さらにうれしいことに、楽しい習慣はみんなそうだが、**エクササイズは、いい意味での中毒になりやすい**。正しいやり方でエクササイズをすると、その楽しさに〝やみつき〟になるだろう。

研究により、十二カ月以上継続してエクササイズをした人は、一生続けられることがわかった。一時的に中断することはあっても、必ず定期的なエクササイズをする習慣が戻ってくる。

人はみな、人生の「質」を高めるための活力を持っていいはずだ。あなたの肉体の状態は、運命――つまり精神、感情、経済力、人間関係などに深く関わっている。事実、そもそも肉体が元気でなければ、運命を云々《うんぬん》する必要もないだろう。

これが〝成長ホルモン〟が分泌する生き方！

現代社会において、若さと肉体的活力が人々の憧れであることは否定できない。新しい命を与えられる年老いた男女を描いた『コクーン』という映画もあった。

多くの人が「若さ」を維持するためなら何でもするが、本当の「若さの泉」は私たち自身の中にある。それはヒト成長ホルモン（ＨＧＨ）というものだ。ＨＧＨは組織の成長を促進し、筋肉の調子を整え、脂肪の少ない筋肉を増やし、柔軟性を高め、筋肉を大きくし、骨や臓器の成長を促進し、組織の健康を維持する働きを持つ。

生まれてから三十歳ぐらいまで、ＨＧＨは就寝後一時間半後と起床直前に血流内に分泌される。六十歳までに男性の三割は、ＨＧＨが全く分泌されなくなるか、分泌されても量は激減する。女性は高齢になっても成長ホルモンが分泌され続けるので、男性より長生きなのではないかと考えられている。


だが、あなた自身が持って生まれたＨＧＨの分泌能力は、どうなっているのだろう。即効性があり、継続的にＨＧＨの分泌を促す方法の一つは、**爆発的な運動**をすることである。たとえば重量挙げのように三十五〜四十五秒程度しか継続できない運動を反復して行なうとよい。マイアミで実施された実験では、素晴らしい結果が出た。十〜十五年ほど運動をしていない六十歳以上で、マッスルトーン（筋肉調整）を全くしていない人が重量挙げを練習し、二十一歳と同等の筋肉量とエネルギーレベルを手にできたのだ。

つまり、あなたが七十代、八十代になっても、二十代、三十代と変わらない強靭《きょうじん》さを身につけられるということだ！

有酸素運動によって耐久性を高められるだけでなく、短時間のきつい無酸素運動によってパワーアップすることもできるということだ。

また、身体が必要とする栄養素を補給することは必要だが、糖分、脂肪分、塩分、肉などの過剰摂取は、身体に有害だ。今からきちんとボディ・メンテナンスに励めば、人生を活動的に謳歌できるはずだ。

本日の課題

①「理想の体型＝健康」ではないと再確認する。
②「健康になる」と決意する。
③自分の立ち位置を知る。今やっているエクササイズは有酸素運動か、無酸素運動か。以下の質問に答えてほしい。
　朝起きた時、疲れていると感じるか。
　エクササイズの後、腹ぺこだと感じるか。
　エクササイズの後、気分が激しく変動するか。
　努力を重ねているわりには、同じところに脂肪がついたままか。
　運動をした後に痛みがあるか。
以上の質問に「はい」と答えた人は、無酸素運動をしている可能性が高い。

④携帯用の心拍計を購入する。これは人生で最高の投資の一つになるだろう。

⑤計画を立てる。私のアウトラインに沿って十日間の有酸素運動プログラムを開始し、脂肪を燃やし、代謝を上げる。今日から始めよう。

⑥エクササイズを、あなたのアイデンティティの一部にする。エクササイズは「一生続けるつもり」でやらなければ、その効果を実感することはできない。

3日目

「パートナーシップ」の質を高める

目標：良好な人間関係を築くための「六つの基本」を理解し、自分の恋愛やパートナーシップの質を高め、「一番大切な人たち」との精神的絆を強める。

共に喜びを分かち合う人がいなければ、成功しても意味がない。実際、私たちが最も切望する人間らしい優しさに満ちた感情とは、他の人たちと「魂のレベル」でつながり合えたと思った時に感じられるものだろう。

私はこれまで、人間関係が性格、価値観、信念、人生の質に与える影響について述べてきたが、とくにここでは、あらゆる人間関係に欠かせない**「六つのキーポイント」**について取り上げる。今日の課題に行く前に、簡単に復習しておこう。

キーポイント①

親しい関係にある人たちと「価値観」や「ルール」を共有していないと、いつかイヤな思いをすることになる。

自分が大切にしているルールをいつもないがしろにされれば、たとえ愛し合っている二人の関係にも混乱やストレスが生じるだろう。他の人との間で起こる混乱は、すべてルールの混乱であり、親しい関係になればなるほど、ルールの衝突は避けがたいものになる。相手のルールを知ることで、このような問題を回避できる。

キーポイント②

人間関係にまつわる最大の問題は、多くの人は「何らかの目的」を持ってつき合いを始めるという事実である。たいていの人は、自分を「いい気分」にしてくれる人を見つけようとする。しかし、実は、関係を長続きさせる唯一の方法は、**人間関係とは、あなたが与える場**であり、何かを奪い取る場ではないと理解することだ。

キーポイント③

人間関係には、問題が手に負えなくなる前に、「ただちに問題を解決すべきだ」と伝えてくれる警報が組み込まれている。

友人のバーバラ・デ・アンジェリスは、彼女の著書『どうすれば愛は長続きするか（*HOW TO MAKE LOVE*）』で、恋愛関係をダメにする四つの局面を明らかにしている。それを知っていれば、問題がふくれ上がって、二人の関係そのものを脅かすような状態になる前に手を打つことができる。

★ステージ1——抵抗

恋愛関係で最初にぶつかる問題は、抵抗を感じることである。誰でも、パートナーの言動に抵抗を感じた経験があるはずだ。相手と意見がぶつかった時や、不快に感じた時、パートナーとの間に距離を感じた時などに、抵抗感が湧き上がってくる。たとえば、パーティーで、パートナーが言ったジョークを不快に感じ、「そんなことを言わないでほしかった」と思うような時だ。

問題は、抵抗を感じた時、相手とコミュニケーションを取ろうとしなくなることだ。そのために抵抗感はますます大きくなっていく。

★ステージ2——反感

抵抗をうまく処理できないと、抵抗は反感や憤りに変わる。あなたは不快に感じるだけではなく、パートナーに腹を立てる。相手と距離を置き、心に壁をつくる。すると、親近感が失われる。

これは人間関係をダメにするパターンで、放っておけば状況は加速度的に悪化する。このパターンを壊すか、パートナーと話し合うかしなければ、関係は次の局面へと進む。

★ステージ3——拒絶

反感や憤りが募り、何とかしてパートナーを悪者にし、言葉、または言葉以外の手段で攻撃する。この段階で、パートナーのやることなすこと、すべてがいらだたしく感じられる。気持ちが離れるだけでなく、破局を迎えたり離婚が現実になったりするのは、この局面である。別れずに拒絶がそのまま続けば、人は苦痛を和らげようとする。

★ステージ4——抑圧

拒絶の段階で起こる怒りの感情の処理に疲れると、苦痛を和らげるために、感情を麻痺させる。苦痛を感じることを回避するだけでなく、情熱や興奮も遠ざける。これは人間関係において最も危険な局面である。なぜなら、この段階で恋人たちは、ただのルームメートになる。二人は喧嘩もしないので、傍目《はため》には二人が問題を抱えていることがわからない。しかし、もはや二人の間には何の感情も残っていない。

このような四つの局面を回避するための鍵は、**正直に、言いたいことを言い合うことだ。**自分のルールを相手にしっかり伝え、守ってほしいと言うのだ。ただし、ことが大きくなり過ぎないように、「変身ボキャブラリー」（『アンソニー・ロビンズの運命を動かす』７章）を使おう。

「そういうことをするあなたって、耐えられない」と言う代わりに、「こういうふうにしてくれるほうが私は好き」と言う。言い争いの原因が何だったかもわからず、「相手を言い負かすこと」だけが目的になった言い争いを予防するパターンをつくろう。

キーポイント④

人生の最優先事項の一つに、「二人の関係を大切にする時間」を組み込む。そうしないと、日々の急ぎの用事を片づけていくことに追われ、二人の関係は二の次になってしまう。そうなると、相手を愛おしく思う感情も情熱も失われていく。

誰もがパートナーとの関係から輝きが失われてほしくないと願う。関係がマンネリ化したというだけで、そこから生まれるはずのパワーが失われるような事態は避けたい。そんなことになれば、関係構築がおろそかになり、相手に対する強烈な興奮や情熱の高まりという感覚も麻痺してしまう。

キーポイント⑤

妻と私が比較的早い段階で、二人の関係を長続きさせるのに不可欠だと感じたのは、一日の終わりに、「ああすればよかった、こうすればよかった」と批判的に言い合うのではなく、**その日をよりよいものにすることに専念する**ことだった。

もし、いつも「二人の関係は終わるかもしれない」ということばかり考えていると、無意識のうちに関係を壊すようなことをし始める。だから問題が複雑になり過ぎたり、本当につらい結果になったりする前に、そこから抜け出すことだ。

つまり、もし関係を長続きさせたいなら、決して、決して、決して、決して、決して関係を脅かすようなことをしてはならない。言い換えれば、

「そんなことをするなら、私は出ていく」

などと決して言わないことだ。この言葉を口にするだけで、関係が終わりかねないし、お互いの心に不安を呼び起こす。

私がインタビューした、長く続いているカップルはみな、どんなに腹が立っても、二人の関係の行く末を心配したり、別れると脅すようなことを言わないというルールをつくっていた。

「どういう関係を築きたいか」——意識の焦点は、常にそこに合わせておくことだ。

キーポイント⑥

つき合っている相手のどういうところが好きか、毎日、思い出すこと。結ばれているという感覚を高め、親密さや、相手の魅力を当たり前だと思ってはいけない。そのために、いつも自分に繰り返し、こう言い聞かせることだ。

「パートナーと人生を共にすることは、どれほど幸せなことだろう」

その人と人生を共にする特権を自覚し、しっかりとその喜びを感じ、それを常に神経システムに定着させる。お互いに相手を驚かす方法をいつも探そう。さもないと、すべてが習慣化し、その人がいるのが「当たり前」だと思うようになる。二人の関係がロールモデル（理想）だと言われるような特別な瞬間をつくろう。

本日の課題

①今日、大切な人とゆっくり話をして、つき合っていく中で大切だと思っていることを明らかにする。お互いの価値観が満たされていると感じるには、どうすればいいか。

②**自分が正しいと主張するより、愛することが大切**と考える。もし、いつでも自分が正しいと

主張していると気づいたら、パターンを変える。すぐに自己主張をやめ、もっと精神状態が落ち着いた時に、争いごとを解決するための話し合いをすること。

③事態が紛糾してきた時、パターンを中断するための共通の方法を編み出そう。それがあれば、どんなに腹が立っていても、一瞬の微笑みが混乱を落ち着けてくれる。お互いにやりやすいように、最高に奇抜で、面白い方法を考えよう。二人のかすがいになるような、秘密のジョークにしよう。

④抵抗を感じたら、遠回しにそのことを相手に伝える。たとえば、「僕がおかしいのかもしれないけど、そういうことをされると、ちょっとイラッとするんだよね」といった具合にである。

⑤定期的に夜のデートに出かける。できれば週に一回、少なくとも月に二、三回は外出し、交代でロマンティックで、楽しいことをして相手を驚かせよう。

⑥毎日、百八十秒間の熱烈なキスをしよう！

今日の課題はこれだけだ。すぐに実践して、楽しもう。きっとその効果は絶大だ。たゆみなく改善を続けよう！

4日目 「豊かさ」を手にする

目標：富を築くための五つの基本要素を学び、未来の経済状況を自分でコントロールする。

お金！

それは人生における最大の関心事の一つである。より多くのお金を手に入れるために、人間はお金よりも大切なものを手放す。これまでの限界をはるかに超える頑張りを見せ、家族や友人と過ごす時間を削り、健康を害することさえある。

現代社会においてお金は、「苦痛」と「快感」の両方に結びついている。生活の質の差を計るために使われ、持てる者と持たざる者との格差を際立たせるのも、お金である。

「お金なんかどうでもいい」という振りをしながら、お金の問題に対処しようとする人もいるが、お金が足りなくなれば日々の生活が脅かされる。とくに高齢者にとっては、「お金がない」イコール「生活がたちゆかない」ことを意味する。お金はミステリーだと言う人もいる。また、お金は欲望やプライド、嫉妬、軽蔑の原因だと言う人もいる。

実際のところは、どうなのだろう。お金は夢を実現するものか、それとも諸悪の根源か。ツールか、はたまた武器か。自由と権力と安心の源か。それとも、ただの目標達成のための手段なのか。

〝豊かさの流れ〟を呼び込める人、呼び込めない人

あなたも私も、頭ではわかっている。お金は単なる「交換の手段」だということを。創造、移動、社会における価値の分配のプロセスを単純化するものだ。自分の仕事が物々交換するに値するものかどうか悩むことなく、生活に没頭する自由を与えてくれる便利なものだ。

お金は商品の一種であり、それが不足すると、悩みや欲求不満、恐怖、不安、心配、怒り、屈辱、困惑といった感情が湧き上がってくる。一度も経済的ストレスを経験したことのない国や企業、あるいは個人は存在しないだろう。

「十分なお金さえあれば、人生におけるすべての問題は消えてなくなる」と思っている人がたくさんいるが、真実はそれとはほど遠い。経済的な自由を手に入れ、自分でお金をやりくりできるようになることと、自分や他の人たちの価値を高めたり、豊かさを分かち合ったりすることとは、また別の問題だ。

そして、金儲けのチャンスがいくらでも転がっている社会に暮らしながら、豊かな富を手にできない人が多いのはなぜだろう。アメリカでは、ガレージで組み立てた最初のコンピュータというアイデアから、億単位の資産を築くことができる。まわりを見回せば、並外れた業績を上げたロールモデルや、富を築き、それを維持する術を心得た人がいくらでもいる。

そもそも私たちを富から遠ざけているものは、何なのだろう。私たちの先祖が命懸けで自由と権利を守り、幸福を追求してきた資本主義の国で、経済改革によって独立が促されてきたにもかかわらず、人口の九五%は、六十五歳で定年退職した後、政府や家族の援助がなければ自活できないとはどういうことだ？

お金についての〝誤解〟をとく

私も安定した富を築くために努力してきたが、それでわかったことが一つある。富を築くとは、極めてシンプルなことだ。それなのに富を築けない人が多いのは、お金に対する基本的な考え方に穴があるからなのだ。穴の原因は、価値観と信念の衝突や、経済的破綻につながるようなお粗末なマネー計画にある。

本章だけで、経済面の問題に対処するために必要なことのすべてを提供するには、とても紙幅が足りない！　しかし、**この重要な問題をすぐさま管理できる**簡単な基本だけは理解できるように構成してある。

最初に、もう一度私たちの行動をコントロールする信念の力について思い出してほしい。

ほとんどの人が経済的な成功を手にできない一番大きな理由は、お金に関して混乱した思いを持っていることにある。

私たちは、お金が自由、愛にあふれた人間関係、夢に見てきたことを実現するチャンス、自由な時間を持つチャンスをもたらしてくれると思っている。

しかし同時に、豊かな富を築くには必死で長時間働かねばならず、富を楽しむ頃には疲れ果てて、年を取っているとも思っている。そうでなくても、十分すぎるお金があると、精神的な成長は望めず、人からは後ろ指を指される、さもなければ、みんながお金を騙し取ろうとするかもしれないと考えている。

「それならいっそ、お金などないほうがいい」というわけだ。

このような否定的な考え方をするのは、あなただけではない。経済的に豊かな人を不快に思う人もいて、儲かっている人を見ると、「きっと他人を搾取しているに違いない」と思ったりする。

もし、裕福な人を見て腹立たしく感じているなら、あなたの脳は「余分なお金を持つことは悪だ」というメッセージを受け取っているに違いない。

他の人に対してこのような感情を抱いていると、結果的に、「成功するのは悪人だ」と自分に教え込むことになる。人の成功を喜べない人は、自分が望むような経済的豊かさを自分の手で遠ざけている。

お金の問題を〝他人まかせ〟にするな

多くの人にとって、お金が思い通りにならない理由の二つ目は、**複雑に考え過ぎているから**である。

私は、お金の問題は「エキスパート」に任せるに限ると思っている。エキスパートの指導を受けることは非常に有意義だ。しかし、自分が下したお金に関する判断がどんな結果、影響をもたらすか、理解できるように訓練する必要がある。

もし、全面的に他人を頼っていると、その人の能力がどうあれ、あなたはいつも失敗を人のせいにするようになる。しかし、自分の経済状態を自分の責任で理解すれば、自分の経済的運命は自分で決められるようになる。

私のこれまでの本、そして本書でも繰り返し書いてきたことだが、誰もが自らの心と肉体、そして感情の働きを理解できる。そして、それゆえに私たちは自分の運命の大部分をコントロールできる。

お金についても同じだ。お金を理解し、「お金のことは複雑でよくわからない」と自分に限界を設けてはいけない。基本さえ理解すれば、お金の扱い方をマスターするのは、かなり単純な話だ。

あなたが最初にやるべきことはＮＡＣ（神経連想コンディショニング）（『アンソニー・ロビンズの運命を動かす』５章を参照）を活用し、経済的成功を手に入れられるように条件づけを行なうことだ。「経済的な豊かさ」によって得られる心の平安や、家族への恩恵などを明確に意識しよう。

〝足りない〟と思っているから足りなくなる

経済的成功から私たちを遠ざける三つ目の理由は、**欠乏**の概念である。この世のものはすべて「限られた量しかない」と信じている人は多い。土地にしても、石油にしても、高級住宅にしても、チャンスにしても、時間にしてもそうだ。

このような人生哲学によれば、あなたが勝ち組になるには、誰かが負け組にならなければならない。いわゆるゼロサム・ゲームだ。そうなると、経済的成功を手に入れるには特定の商品の市場を独占し、九五%をあなたが取り、残りの五%を他の全員で分け合うという、一九〇〇年代初期の悪徳資本家のやり方しかない。

しかし実際は、このようなやり方で継続的に富を得られる保証はない。

実は、**すべての富は、頭の中のアイデアから始まる**。現在の富裕層は、新しい時代の錬金術師である。彼らはごく普通のものを高付加価値のものに変え、それによって経済的利益を得ている。そうしたアイデアを取り入れ、製品やサービスに変える人たちこそ、現代の錬金術師である。

現代の錬金術師——ビル・ゲイツ、ロス・ペロー、サム・ウォルトン、スティーブ・ジョブズ——彼らはいずれも、ものに隠された価値を見出し、多くの人に届ける「仕組み」をつくり上げた人々だ。新たな付加価値を創造し、とてつもない一大帝国を築き上げた。

ここで長期的な「富」の創造のための五つの基礎を紹介しておこう。

富を創造する「5つの基本」

①「富を創造する」力を磨く

最初の鍵は、これまで以上に稼ぐ能力、すなわち**富を創造する**能力だ。

簡単な質問がある。あなたは、今と同じ時間をかけて、今の二倍の報酬を稼げるか。三倍はどうだろう。十倍は？

今と同じ時間をかけて、今の千倍稼ぐことは可能だろうか。

もちろんだ！　あなたの会社、あるいはあなたの同僚にとって「千倍の価値を持つ人間になる」方法を見つければいいのだ。

富を手に入れるための鍵は、価値を高めることだ。技能、能力、知性を高め、専門知識を身につけ、人にはできないことができる能力を身につけ、創造性を発揮して多くの人の役に立てれば、今まで思っていた以上に稼ぐことができる。

収入を増やすのに最も重要かつ効果的なのは、**人々の人生に具体的な価値を提供できる方法**

を常に考案することだ。

たとえば、なぜ医者はドアマンより賃金が高いのか。答えは簡単だ。医者のほうがより多くの価値を提供できるからだ。

成功した起業家が、十分な経済的報酬を得られるのは、なぜか。それは、他の誰よりも世の中に価値を提供しているからだ。

起業家は、主に二つの点で世の中の役に立っている。まず、商品を使う客の〝人生の質〟が高まるという意味で、彼らは明らかに付加価値を生み出している。

これは、どんな企業にとっても成功に不可欠な点である。企業の中には、「収益を上げることだけが企業の存在理由ではない」ということを忘れてしまうところもある。

たしかに、企業が存続し、繁栄していくためには「収益」がなければ始まらない。しかし、それは企業の本当の目的ではない。企業の真の目的は、お客様の〝人生の質〟を高める商品やサービスを生み出すことである。いつでもそれができていれば、収益は約束されたようなものだ。

ところが、短期間で収益を上げたものの、継続的に人々の〝人生の質〟を高められなければ、企業は長期にわたっては存続できない。これは企業のみならず、個人にも当てはまる。

起業家が世の中に貢献している理由の二つ目は、起業家は「商品」をつくると同時に「雇用」を生み出していることだ。その仕事があるおかげで、従業員の子どもたちは高等教育を受け、医者や弁護士、教師、ソーシャルワーカーになって、社会全体の価値を高めていく。もちろん、その家族は稼いだお金を使って、他の会社からものを買う。価値の連鎖は途切れることがない。

実業家のロス・ペローは、富を築くコツを聞かれた時、「この国のために私ができるのは、雇用を創出することです。私はそれが得意ですし、神様も雇用が大切なことは、よくご存じです」と答えた。より多くの価値を生み出せば、より多くを稼ぐことができるはずだ。

もちろん、価値を生み出すのに、起業家である必要はないが、誰もが毎日、絶え間なく知識とスキル、そして与える力を高めていく必要がある。だからこそ、自ら学ぶことが不可欠なのだ。

私が若くして大きな富を手に入れることができた理由は一つしかない。それは、私が身につけたスキルと能力で、事実上すべての人の人生の質を、一瞬で高めることができるからだ。さらに私は短期間で、膨大な数の人々に情報を伝え、スキルを伝授できるようになった。その結果、私は精神的に満足したし、経済的にも大成功した。

“少ない資源”で「大きな成果」を上げることに意識を向けよ

もし、あなたが今よりも多く稼ぎたいと思うなら、一番簡単な方法は、「この会社にとっての『私の価値』を高めるには、どうすればいいか。もっと短時間で、より多くの成果を上げるために、私にできることは何か。経費を削減して、質を上げるにはどうすればいいか。何か新しいシステムを開発できないか。生産とサービスの効率を上げるために、新しい技術を使えないか」

を考えることだ。少ない資源で大きな成果を上げる手助けができれば、他の人たちのためにもなり、そういう立場にいれば、経済的にも力をつけることができる。

私の「ファイナンシャル・デステニー」セミナーでは、出席者全員で、どうすれば価値を高め、収入を増やすことができるかについて、ブレイン・ストーミングをする。まだ使っていない資源がないか、みんなで考える。

そして、自分自身への質問として重要なものがいくつかある。

もっと多くの人の人生に触れるには、どうすればいいか。より深いレベルでそれを実行するには、どうすればいいか。より高品質の商品やサービスを提供するには、どうすればいいか。

そうすると必ず何人かは、「これ以上は無理です。今だって一日十六時間も働いているんです」と言い出す。

気をつけてもらいたいのは、私は「もっと働けとか、頭を使って働け」と言っているのではないということだ。あなたに考えてほしいことは、**「他の人に価値を提供するために、まだ使っていない資源はないか」**ということなのだ。

たとえば、サンディエゴで人気のマッサージ師は、すでに予約がいっぱいだったが、「さらに収入を増やすには、どうすればいいか」を考えていた。これ以上、予約を取ることはできず、すでにその分野では最高の料金を取っていた。

そういう状況で、自分の持っている資源をどう生かせば、より多くの患者を助けられるかブレイン・ストーミングをしたのだ。そして、理学療法科のある病院と提携して、そこへ患者を紹介し、その対価として紹介料をもらえばいいと思いついた。

今では彼の収入は倍増したが、労働時間は以前と変わらない。彼は病院の医師と知り合いで、医師も彼の治療についてよく理解してくれている。両者の治療には一貫性があり、しかも彼は経済的にも利益を得ている。

大企業で働いている人でも、価値を高めることはできる。病院の医療事務をしていたある女性は、遅々として仕事が進まないのを見て、それまでの五倍の速さで事務処理できる方法を発見した。

彼女は上司に、もし五人分の仕事をしたら、給料を一・五倍にしてくれるか訊ねてみた。もし一定期間、継続して同じ成果を出せるなら、そうしてもいいという答えだった。そして彼女は仕事の効率を上げてきちんと成果を出し、収入も増え、自分の仕事にプライドを持つようになった。

会社員は、「仕事の質が一・五倍になったから、給料も一・五倍になる」と思ってはいけない。会社も利益を必要としている。あなたがするべきことは、**「自分の仕事の価値を十〜十五倍にするには、どうすればいいか」**と考えることで、もしこれができたら、かなりの確率で収入を増やすことができるはずだ。

この〝不断の努力〟が富を運んでくる！

付加価値は、商品をつくるだけでは生まれない。より**多くの人の生活の質を確実に向上させる手段を見つけること**が付加価値を生むことなのだ。

しかしもちろん、信念に限界があれば、それは難しいだろう。

何より重要なことは、**「何もない無の状態からも、何かを得ることができる」**という信念を核に持つことだ。

たとえば、ほとんどの人は、会社に貢献をするか、しないかにかかわらず、給料は毎年上がることを期待する。

その人が勉強し、スキルに磨きをかけ、自分の価値を高めれば、昇給に結びつく。しかし、従業員が自分の価値を高める道を模索するわけでもないのに、漫然と昇給させ続けているような会社は、そのうち経営破綻するだろう。もし昇給を希望するなら、少なくとも希望する昇給額の十倍の価値を達成する方法を見つける努力をすること。


企業側も、設備投資を重視するが、設備投資によって得られる効果には限界があると理解することだ。経済学者のポール・ピルツァーによれば、労働力は資本である。たとえば年収五万ドルで、五十万ドルの価値を生み出す人がいるとする。その人のスキル、能力、才能、生き方、教育を向上させれば、百万ドルの価値を生み出してくれるかもしれない。

五万ドルの投資で百万ドルの利益が出るなら、その人物は素晴らしく価値のある「資産」と言える。従業員の教育と能力開発ほど、素晴らしい投資先は他にない。

私は長年、価値のある考え方を人々に伝え、彼らがそれを活用して人生の質を高められるように、人々の手助けをしてきた。人生を変える技術を編み出し、印象的なやり方でそれを広めることで成功を収めてきた。

しかし、私の成功が大きな転機を迎えたのは、「これまでより多くの人に思いを伝えるにはどうすればいいか。私が眠っている間も思いを伝え続けたい」と考えたからだった。

こう考えたおかげで、私はそれまで思いもしなかった方法、すなわち私の講演を録音し、映像を通じて多くの人に提供することを思いついた。

音声は、今では一日二十四時間、世界中の人たちに私の考え方を情報として伝えている。その過程で、私の声を聴いたすべての人たちの「人生の質」を高める手助けができただけでなく、音声を生産するために約七万五千時間分の仕事を生み出せたのはうれしいことだ。これには、他の販売業者などに任せた仕事は含まれていない。

付加価値によって、どれほど多くの富が生み出されることか。

「私の今いる環境で付加価値を生み出すには、どうすればいいか」と常に自問し、自答してみることだ。

自分の職場で「過去十二カ月間に、私はどれだけ稼いだか、あるいはどれだけ節約したか」と考えてほしい。

真の貢献はあなたの人生を豊かにしてくれる。だからこそ、個人的利益のためだけに付加価値を生み出そうとしてはいけない。自分の家庭、教会、学校、コミュニティのためにできることを考えるのだ。今までの十倍の付加価値を生み出せる方法を思いつくことができれば、常に充実した人生が送れるだろう。周囲から手本にされるような生き方ができたら、素晴らしいではないか。

②富を維持する

二つ目の鍵は、**富を維持する**ことである。富を蓄積する効果的な戦略を手に入れ、多額のお金を稼げるようになったら、それをどのように維持していけばいいのだろうか。

一般の考え方とは逆に、稼ぎ続けるだけでは富を維持することはできない。大儲けをしたのに、一夜にしてすべてを失った人の話をよく耳にする。大金を手にした才能豊かなアスリートが、収入が減った途端に、それまでのライフスタイルを維持できなくなることもある。

富を維持する方法は一つしかない。それは、**支出を収入以下に収め、余った分は投資する**という至極単純な方法だ。あまりカッコいい原則ではないが、これが長期間にわたって富を維持する唯一の手段であることに疑問の余地はない。

ところが、どんなに稼ぎが多くても、人間というのはそれを使い切る方法を見つけるものであることに、私はいつも驚かされる。「ファイナンシャル・デステニー」セミナーの参加者の年収は三万ドルから二百万ドルで、平均すると十万ドルだ。最も高収入の人たちでも、よく「破産」する。なぜか。それは彼らが、短期的な視野にとらわれてお金に関する判断をしているからだ。

彼らに明確な支出計画はない。投資計画は言うに及ばずである。ナイアガラの滝のように垂れ流し状態だ。

収入を一定の割合で「先行投資」する

富を築く唯一の方法は、あなたの収入を一定の割合で、毎年、先行投資することだ。最近は多くの人がこのやり方を知っており、最低でも一〇%を投資に回すという話もよく聞く。しかし実行している人は少ない。金持ちになった人がほとんどいないのもうなずける。確実に富を蓄える最善の方法は、給料の一〇%を天引きして、投資に回すことだ。

富を守るには、支出を管理しなければならない。その時、**予算を立てるのではなく、支出計画を立てる**のだ。その時になってあわてないように、前もって何にお金を使うかを決めておくやり方だ。チャンスは突然訪れるものなので、焦って決断をして、後から後悔することも多い。

もう一つ言えることは、毎月、何にどれだけお金を使うかを事前に決めておけば、妻（夫）と喧嘩をすることもなくなるということだ。

困ったことに、多くのアメリカ人は分不相応の生活をしている。一九八〇年のアメリカ国民のクレジットカードによる負債は五百四十億ドルだったが、八年後には、その三倍を上回る千七百二十億ドルになった。これでは家計が破綻するのも当然である。頭を使わなければならない。収入より支出が少なければ、富を維持することができるのだ。

「でも投資していれば、大丈夫なのでは？」とあなたは思うことだろう。その通りなのだが、インフレも考慮しなければならない。

富を築き続けるには、第三の鍵に進まなければならない。

③富を増やす

第三の鍵は、**富を増やす**ことである。そのためにはどうすればいいか。金持ちになるには、**支出を収入以下に収め、余った分は投資し、儲けは再投資して複利効果を得る。**

複利にするとお金は急激に増加することはよく知られているが、実はあまりよくわかっていない人が多い。複利にすると、お金を有効に活用できる。私たちの多くは、自分の望むライフスタイルを実現するために、一生働き続ける。

「経済的に成功した人」とは、持っているお金の一部を投資し、その利益を再投資し、もう働かなくてもいいだけの収入源を確保している人のことを言う。どれぐらいのペースで経済的独立を実現するかは、あなたが過去の投資による利益の再投資に対して、どれぐらい積極的であるかによる。あなたの持っているお金の「子孫」たちが成長し、増え続ければ、しっかりとした経済的基盤が築かれるというわけだ。

〝複利〟の劇的効果はあなどれない

複利の効果を示す劇的な例を紹介しよう。ナプキン（厚さは三十二分の一インチ＝〇・〇八ミリ）を一回折ると、厚さは十六分の一インチになる。もう一回折ると、厚みは八分の一インチ。三回折ると四分の一インチ、四回折ると二分の一インチ、五回折ると厚さは一インチである。

さてそこで、あと何回折れば、厚さは月までの距離と等しくなるか。月までの距離は三八万一九〇六キロメートルある。答えは、なんと三十九回だ。

理論的には五十回折ると、ナプキンの厚さは地球と月を千百七十九回往復する距離に等しくなる。これが複利計算の効果だ。わずかな金額でも複利で増やしていけば、巨万の富になるということを、ほとんどの人はわかっていない。

あなたは言うだろう。

「それはすごい。ぜひ複利で投資を始めたいが、何にどう投資したらいいかは、どうすればわかるのだろう」

これは難しい問題で、まず自分の経済的目標を立てなければならない。何を達成したいか。そして、そのためにどれだけ時間をかけられるか。リスク許容度はどうか。どれぐらいのリスクなら受け入れられるか。

自分の希望、必要性、潜在的不安をきちんと理解しない限り、何にどう投資すべきかを明確にはできない。自称投資家は、金融の専門家にアドバイスをしてもらうが、専門家はクライアントの希望について何も知らないことがよくある。

最高の「金融の専門家」を手本にする

人生における経済的な問題で最も重要なのは、様々な投資の種類と、その潜在的リスクと利益についてきちんと理解することである。責任感のあるアドバイザーなら、クライアントが投資について十分に理解しているかどうかを確認した上で、クライアントの**資産運用**に手を貸すだろう。

わかりやすい投資計画なしでは、結局は破綻するだろう。経済誌の編集をしているディック・フェビアンは言う。

「何に投資するにせよ、投資家は十年以上、全く利益を出せないものだという証拠がある。この悲劇的な統計結果には、いくつか理由がある」

①目標を設定していない。

②流行の投資を追いかける。

③経済新聞の記事に頼る。

④ブローカーやファイナンシャル・プランナーのアドバイスを盲目的に信じる。

⑤感情的な失敗をする、など。

ありがたいことに、これらの問題を解決する方法は簡単に見つけられる。ピーター・リンチからロバート・プレクター、ウォーレン・バフェットまで、投資の達人の本を読めば答えは出ているし、あなたの一生の「お金の問題」を解決するための資産計画を立てる手伝いをしてくれる有能なファイナンシャル・コーチもいる。

お金はあなたの人生における「苦痛」と「快感」と深く関わってくるので、最高の「金融の専門家」を手本にしなければならない。さもなければ、苦痛を味わうことになる。しかし、この通りに実行すれば、今まで夢にも見たことのない経済的豊かさを手に入れられるだろう。

④富を守る

四つ目の鍵は、**富を守る**ことである。富に恵まれている人の多くは、大金を手にしてからも、あまりお金を持っていなかった頃と同じか、むしろそれ以上に不安を抱えている。失うものが多いと、人はより不安になるものだ。なぜなら、いつ謂《いわ》れのない理由で訴えられ、資産を失うかわからないと思っているからだ。

アメリカは訴訟社会だと言われる。事実、アメリカ法曹協会の統計によると、カリフォルニア州の住人で、年収五万ドル以上の人の四人に一人は訴えられる可能性があるという。

ヨーロッパの人からすれば、アメリカ人は何かあるといつも他人のせいにしようとするので、訴訟の数が多いのだと思うだろう。厳しい言葉だが、残念ながらそれが真実なのだ。このような生き方はアメリカ以外では見られない。訴訟に時間とお金とエネルギーを注ぎ込むのは非生産的なことで、国にとっても由々しい問題である。

たとえば『ウォール・ストリート・ジャーナル』によると、酔っ払って車を運転していた男が助手席に置いてあったショットガンをどけようとしたところ暴発し、男は死亡した。残された妻は夫が酩酊《めいてい》状態だったことを認めるどころか、酔っ払ったドライバーのための安全装置がついていなかったと言ってショットガンのメーカーを訴え、四百万ドルの損害賠償を請求し、なんと勝訴したのだ！

長年の努力によって築いた富を、全く権利のない人に奪われるとわかったら、気分が悪いのは当然だ。事業に取り組む姿勢も慎重になり、投資決定の実行にも支障が出る。

資産を賢く手堅く守るコツ

しかし、いい話もある。現在、訴訟に巻き込まれていなければ、**あなたの資産を守る法的手段**がある。あなたの資産を守るための哲学は、合法的な負債をなかったことにするような類のものではなく、根拠のない攻撃からあなたを守るものだ。

腹黒い連中は、些細な理由であなたを訴えるかもしれない。なぜなら、彼らはあなたの保険金や資産を狙っているからだ。手をつけられるような資産がなければ、彼らも成功報酬を餌に弁護士をつなぎ止めておくことはできない。事前に賢明な行動を取っていれば、資産を守ることができる。そのためのガイドラインは明確かつ単純なものだ。

金融について知りたくて、私は世界中のグローバル投資家について研究した。そして彼らがどのようにして非合法な要求から資産を守っているかがわかってきた。どのような状況であれ、まず「大物」はどうするのかを知ることが大切である。そして彼らの評価手順と戦略を手本にするのだ。

私は二年かけて、アメリカで最も優れた資産保全の仕組みを研究し、マスターした。資産を隠す必要はなく、ただ保護すればいい。もし、資産保全が今のあなたの最大の関心事ではないとしても、富を築き上げるにつれ、関心を持たざるを得なくなる。そのために変えるべきことはたくさんある。

⑤富を楽しむ

五つ目の鍵は、**富を楽しむ**ことである。

最初の四つの段階を経験した人は多く、本当の意味での付加価値を高めて富を築き、支出を減らして富を維持し、投資の技術をマスターし、複利の恩恵にあずかっている。そして資産を守る方法も学んだ。

しかし、それでもまだ彼らは満足していない。それどころか虚しく感じている。それは、彼らがまだ**お金は目的にはならない**ということを理解していないからだ。

お金は手段に過ぎないのだ。お金によってもたらされたプラスの効果を大切な人たちと共有しない限り、お金に価値はない。自分の収入に見合った方法で「お金を世の中のために生かす」ことができれば、人生で最大の喜びを引き出せる。

言っておくが、「価値の創造」や「お金を稼ぐこと」と、ある程度の「快感」とを結びつけておかないと、長期間モチベーションを維持することはできない。多くの人は〝それなりの蓄え〟ができてからでないと、楽しむことができない。このやり方では、あなたの脳は、富から苦痛を連想するようになる。

それよりも、富を蓄えながら、楽しくやるほうがいい。たまには自分にご褒美《ほうび》をあげることも必要だ。お金をかけたご褒美をもらうことで、お金を稼ぐことは楽しく、やりがいがあると脳に教え込むことができる。

〝一〇％の寄付〟で絶対的豊かさがめぐってくる

それから、収入の一〇％を「寄付」する効果と価値を忘れてはならない。私の場合、金銭的に上向きになったのは、「とても二十ドルなんて寄付できない」といった経済状況であったにもかかわらず、二十ドルを少し上回るぐらいの金額を寄付できるようになった時だった。

普通の人は「もっと稼げるようになったら、収入の十分の一を寄付しよう」と考えるが、一ドルから十セント寄付するのと、百万ドルから十万ドル寄付するのと、どちらが大変か、考えるまでもないことだ。

一〇％が絶対だとは言わないが、自分で稼いだものの一部を寄付することを習慣にして喜びを感じてみるのも、いいものだ。収入の十分の一を寄付すると、経済的に余裕があると脳に印象づけることができる。欠乏感がなくなり、それだけでも、あなたの人生は変わるだろう。

本当の富とは、精神面での絶対的豊かさである。私たちが受け継いできた遺産こそが、私たちを豊かにしてくれる。誰かが描いた絵画、誰かが作曲した音楽、誰かが設立した教育機関などの素晴らしい遺産を、私たちは享受している。国立公園の豊かさもあなたのものだ。

自分は豊かな人間だということがわかったら、その富を満喫しよう。自分の豊かさに感謝の気持ちを持つことで、より豊かな気持ちになれる。

最後にこれだけは言っておきたい。信念を変え、お金の扱い方をマスターすれば、一人の人間としての大きな進歩を経験できるだろう。今すぐ一からトライしてみよう。

本日の課題

①自分の信念の中に、他の信念と相容れないものがないか確かめ、もしあればNAC(神経連想コンディショニング)(『アンソニー・ロビンズの運命を動かす』5章を参照)を活用して変える。

②勤務先で、付加価値を生むための大々的な方法を編み出そう。報酬の有無は度外視する。今自分がやっていることの価値を十倍に高め、それがどのような効果を生むか確かめる。

③給料から一〇%を自動的に投資に回す。

④優れたコーチングを受ける。お金の「コーチ」を見つけ、あなたにもわかりやすい、詳細な資産運用計画を立てるのを手伝ってもらう。財務管理に関する優れた本を何冊か選ぶ。賢い投資判断については、様々なところから学べる。

⑤資産を奪われないか不安な人は、資産保護計画を立てる。

⑥ささやかなご褒美で、「快感」と「経済的成功」とを結びつける。特別なことをしてあげたいと思う相手は誰か。今日からやる気を起こすために、自分のためにできることは何か。

5日目 自分にふさわしい「行動規範」を持つ

目標：高潔な価値観を持つ。その価値観にふさわしいルールをつくり、自分に適切な問いかけをしながら、その価値観に則って一貫した生き方ができるか。

私たちは、自分が大切にしている価値観にふさわしい生き方をし、日々、そのように生きているかを計る明確な手段を必要としている。

二十七歳になる頃には、その若者は素晴らしい成功を収めていた。頭がよく、博識で、自分が世界を支配している気になっていた。しかし、彼は自分があまり幸福ではないということに気がついてしまった。態度が大きくて、横柄な彼のことをみんなが嫌っていた。彼はもはや自分の人生の方向性を決められず、運命をコントロールするなど不可能と感じていた。

そこで彼は、今までよりも自分の水準を高く設定し、それを達成するための戦略を考え、その結果を毎日「評価」するための仕組みをつくった。最初に十二の「長所」を選び出した。これは彼が毎日一度は経験したい十二の状態で、そうなることで人生を望む通りの方向へ進めることができる。

次に彼はメモ帳を取り出し、十二の状態を書き込んで、そのリストの隣に一カ月分のマス目を描いた。

「この十二の長所のうちのどれか一つにでも反することをしたら、横のマス目に黒丸を書き入れる。僕の目標は、この表に黒丸が一つもないことだ。そうなれば、僕がこれらの長所を本当に持っていることがわかる」

彼は自分の考えに満足し、友人にメモ帳を見せて、説明した。友人は言った。

「すごいね！　ただ、君の長所のリストには『謙虚さ』を追加したほうがいいよ」

ベンジャミン・フランクリンは大笑いして、十三番目の長所をリストに書き加えた。

私がベンジャミン・フランクリンから学んだこと

私が、フランクリンの伝記でこの話を読んだのは、ミルウォーキーの場末のホテルだった。

私のスケジュールは過密状態で、その日はいくつかのラジオ番組とテレビのトークショーへの出演と、本のサイン会と無料講演会が私を待っていた。超多忙な日の前夜、私はこう決心した。

「オーケー、ここまできたんだから、できるだけのことをしよう。少なくとも精神の鍛錬にはなるだろう」

その少し前、私は価値観と「大切にしたいこと」の優先順位という考え方に行き着いていた。そして、自分では素晴らしいと思っている価値観のリストをつくり、それを実践しようと考えた。しかし、フランクリンの長所のリストを思い出して、私は考えた。

「たしかに長所として『愛』があるが、今この瞬間に愛しているか？『貢献』もリストの上位にあるが、今この瞬間に貢献しているか？」

こう考えてみると、答えはノーだった。私の価値観は素晴らしいが、どんな瞬間にも実践しているかどうかを評価してこなかった。私は自分のことを愛情深い人間だと思ってきたが、振り返ってみると、そうではなかった瞬間もたくさんあった。

私は座り込んで、自問自答した。

「最高の私になっている時、精神状態はどのようなものだろうか。どんなことがあっても、毎日欠かさずそうなりたいと思う精神状態は、どのようなものか。環境が変わっても、どんな難問にぶつかっても、少なくとも一日に一度はその状態になるようにしよう」

親しみやすい、幸せ、愛情深い、社交的、遊び心のある、力強い、寛大、常識にとらわれない、情熱的、楽しい。これらが私の目指した状態だ。

中には価値観と共通しているものもあるし、していないものもある。しかし、毎日こうした状態でいられるように心がけていれば、価値観を継続的に守っていけることはわかっていた。

それは、実にワクワクする経験だった。

翌日、私はラジオとテレビに出演し、意識的にこうした精神状態を保った。私は幸福で、愛情深く、力強く、面白い人で、私の言動は、番組のホストだけではなく視聴者にも役に立つものだったと感じた。その後、私は地元のショッピングモールに行って、サイン会に出席した。そこに到着すると、困り切った顔のマネージャーからこう告げられた。

「ロビンズさん、ちょっと問題がありまして……あなたがここでサイン会をするという告知が明日の新聞に出ることになってしまったんです！」

フランクリンの「長所のリスト」を知る前だったら、私はまた違った反応をしていたかもしれない。しかし、新しいリストが頭の中にできあがっていた私は、「たとえ何があっても、この生き方を貫くと決めた。これは私が**本当に自分の行動規範を守っているかどうかをテストする絶好の機会**だ！」と思った。

そこで、サインをするために用意されたテーブルのところへ行って、まわりを見わたした。そこには人っ子一人おらず、モールの中も閑散としていた。何もないところから、どうやって胸躍る雰囲気をつくり出せというのか。

最初に私の頭に浮かんだ言葉は、「常識にとらわれない」だった。それも私のリストに入っているものだったので、私は早速、自分の本を手に取り、読み始め、人の気を引くような声を上げてみた。

「オオオ～！　アァ～！　へえ、そういうものかね」

すぐに女性が通りかかった。私の本に対する熱狂ぶりに興味を持ったようで、立ち止まって、私が何を読んでいるのか確かめた。私は彼女に、この本がどんなにすごいか熱く語った。いったい何事かと、また別の人が立ち止まった。さらに数人が輪に加わった。ほんの二十分ほどで二十五～三十人の人が群がって、私が見つけたすごい本の話に耳を傾けていた。

最後に私は言った。

「何がすごいって、この本の著者は私の知り合いなんです！」

最初の女性の目が輝いた。

「本当に？」

私は裏表紙に私の写真が載っている本のカバーを見せた。

「見覚えがあるでしょ？」

彼女はびっくりして、笑い出した。他の人たちも同じだ。私は座って、本にサインをし始めた。

その日の午後のサイン会は大成功で、みんな大いに楽しんだ。出来事に自分の行動や物事のとらえ方が影響されることなく、意識的に自分の**行動規範**に沿った生き方を選ぶことができた。また、このような状態でいること――ありのままの自分でいること――によって、自分の価値観を実現することに大きな満足感を覚えた。

「あなたの行動に、あなたの信念をつけ加えなさい」

――ラルフ・ウォルド・エマーソン

行動規範を持っているのは、ベンジャミン・フランクリンと私だけではない。「十戒」は何のことを言っているのか。ボーイスカウトの誓いやアメリカ軍人の行動規範はどうだろう。前向きで楽観的なヴィジョンを示すことで子どもたちの才能を最大限に伸ばすための活動を行なっているオプティミスト・クラブの信条は？

あなた独自の行動規範をつくるには、既存の行動規範を検討してみるのも一つの手だ。

オプティミスト・クラブの信条

何ものにも心の平安を乱されないほど強くあれ。
会う人ごとに健康、幸福、繁栄を語れ。

すべての友人に、自らの価値を自覚させよ。

あらゆることの明るい面だけを見、楽観主義を実現せよ。

最高のことだけを考え、最高の成果を出すためだけに働き、最高を期待せよ。

他人の成功を自分の成功のように喜べ。

過去の過ちを忘れ、未来の偉大な成果に向けて進め。

常に明るい表情で、出会う生きとし生けるものすべてに微笑みを。

自分を磨くことに注力せよ、他人の批判をしている時間はない。

くよくよしようがないほどの大物で、腹を立てようがないほど高潔で、恐れようがないほど強く、悩みが入り込む隙がないほど幸福であれ。


元UCLAのバスケットボールチーム監督のジョン・ウッデンが小学校を卒業した時、彼の父親は彼に七つの信条を与えた。ジョンによれば、その信条は、彼の生き方と仕事に最も大きな影響を与えたものだった。彼は今でもこの信条を毎日実践している。

①自分に忠実であれ。
②毎日を自分の最高傑作にせよ。

③人を助けよ。
④よい本を深く読め。
⑤友情を芸術にせよ。
⑥雨の日のための避難所をつくれ。
⑦毎日祈って助言を求め、幸運を感謝せよ。

「唇で語るより、生きざまで語ったほうがよい説教ができる」
――オリバー・ゴールドスミス（訳注　十八世紀のイギリスの詩人、劇作家）

本日の課題

①自分が大切にしている原則と価値観に沿った人生を送るために、「毎日、こんな自分でありたい」という状態のリストをつくる。自分にふさわしい豊かで多彩な人生になるように、リストは短すぎてはいけないが、毎日実現するには難しいほど長すぎてもいけない。だいたい七～十個が適当だ。

いつでもそうありたい状態とは、どういうものか。幸福？　活動的？　友好的？　絆を感じている？　陽気？　感謝を忘れない？　情熱的？　バランスのいい？　冒険好き？　楽しい？　常識にとらわれない？　寛大？　上品？　あなたの「大切にしたいこと」と同じものもあるかもしれない。また、価値観の実現に役立つものもあるだろう。

②リストができたら、各項目について、自分がその状態にあるか、確認できる方法を書いておく。つまり、それが自分のルールになる。たとえば、「みんなに微笑みかけている時、私は楽しい」「思いがけないことをして楽しい時、私は常識にとらわれていない」「人生のよき思い出に浸っている時、私は感謝を忘れない」

③少なくとも、一日に一回はそういう状態を心から経験するように努力する。あなたの行動規範を紙に書いて財布に入れておくか、机や枕元に置いておく。いつでも見られるようにしておいて、いつも自分に問いかけよう。

「今日、もう実現した状態は、どれとどれか。まだ実現していないのは、どれか。今日の終わりまでに、どうすれば実現できるか」

自分の行動規範に沿った生き方ができれば、素晴らしくいい気分になれるだろう。もはや外的要因に支配されることもない。自分のまわりで何が起ころうとも、自分らしさを失わず、理想の自分を目指して生きられる。よりレベルの高い自分であり続け、物事をどう感じるかを自分で決め、最高の自分になれた時、大きなプライドが生まれる。

自分の感心しない行動や態度の言い訳に「プレッシャーがあったから」といった理由を持ち出す人を、先にも登場した作家のウエイン・W・ダイアーはオレンジにたとえてみせた。

「プレッシャーが否定的な態度の原因ではない。自分をオレンジだと思ってみるといい。オレンジを搾る時、外側から圧力を加えるわけだが、そうすると、どうなると思う？　ジュースが出てくる。プレッシャーをかけた時に出てくるのは、もともとオレンジの中にあったものなのだ」

自分のレベルを高めるとは、あなたの中身をどうするか、自ら選び取ることではないだろうか。それなら、外からプレッシャーをかけられて出てくるものは「よいもの」に決まっている。人生は、いつでも順風満帆というわけにはいかない。あなたの行動規範に従って生き、絶え間ない改善を目指して生きていけるかどうかは、自分次第である。

あなたの人格を形成し、アイデンティティを築き上げるのは、大小様々な行動が示す「自分」という人間そのものなのだ。

6日目 「時間」をうまく使いこなす

目標：時間に振り回されて、満足やストレスのレベルに影響が出ないように、時間を自分のためにうまく使いこなす。

今までにストレスを感じたことがある——ない人がいれば、お目にかかりたい——とすれば、自分がやりたいと思っていることを、あなたが目指している高いレベルで実行するだけの十分な時間がないと感じたからに違いない。

このような不満を感じるのは、「その瞬間に何が求められているか」に神経を集中しているからだ。今つきつけられている要求、今抱えている課題、今行なわれているイベント等々。このようにストレスと負担が大きい状態では、能力を発揮することは難しい。

しかし、ほんのちょっとしたことで、この状況を打ち破ることができる。**自分が神経を集中している時間枠をあなた自身でコントロールすればいい**のだ。

もし今、ストレスで大変な状態にあるなら、未来や、うまくやりこなした時のこと、あるいは仕事が成功した時のことを思い浮かべてほしい。そうすれば、目の前の問題をより効率的に処理できる。新たな焦点を設けることで、瞬時にあなたの精神状態が変化し、現在の状況に対応するために必要な力が湧いてくる。

ストレスは、一定の時間枠で「動きが取れない」と感じた場合に生じる。

たとえば、自分の将来を思って、やる気をなくしている人がいるとする。この人を助けるには、現在自分でコントロールできていることに、もう一度焦点を当てさせるとよい。

また、問題にぶつかると、過去の失敗にばかり目が向いてしまう人がいる。過去にとらわれている限り、ストレスは増大するばかりだ。現在、あるいは明るい未来に目を移すことで、精神状態は一瞬で変えられる。

〝時間感覚〟を自由自在に変える法

つまり、**人間の精神状態は、今自分が経験している時間の質に大きな影響を受ける**のだ。

また、時間の感じ方は精神状態の影響を受けやすく、完全に相対的なものだ。ある一定の時間をどう体験・経験するか、それは完全に精神をどう集中させるかにかかっている。

たとえば「長い間」というのはどれぐらい長いかと言えば、状況によって全く違ってくる。

列に十分間も並んでいると、ものすごく長いと感じるが、愛し合っている一時間はあっという間に過ぎていく。

信念も、時間感覚に影響を与える。状況はどうあれ、ある人は二十分という時間が一生に等しいと考える。また、ある人にとっては、「長い間」とは一世紀のことかもしれない。時間感覚がこれほど違っていたら、歩き方から話し方、目標のとらえ方まで、すべて違うだろう。

もし、こんな二人がやりとりをするとなれば、大変なストレスを感じるに違いない。だからこそ「時間の達人」になることは不可欠なスキルなのだ。それは時間の感覚を自由自在に変え、全経験を豊かに形成していく能力だ。

たとえば、何かに夢中になると、時の過ぎるのを忘れることがある。それは時間に焦点を当てていないからだ。楽しいことに精神を集中しているので、時間が早く過ぎる。一方、頻繁に時計を見るようにすれば、時間の進み方は遅くなる。つまり、**一分を一時間のように、あるいは一時間を一分のように感じる力**が、あなたにはあるのだ。

時間を使う時、あなたはどのような定義をするだろう。時間を過ごす？　時間を浪費する？　時間をつぶす？

英語では「時間を殺す」と言うが、「時間殺しは殺人ではなく、自殺行為」だと言われている。

「緊急性」と「重要性」から時間の使い方を考える

また、緊急性と重要性は、時間についての判断に大きな影響を及ぼし、達成感をも左右する。たとえば、朝から一生懸命働いて、「やるべきこと」リストをすべて片づけたのに、一日の終わりになっても達成感がないという経験はないだろうか。それは目の前の緊急を要することはすべてやったが、重要なことはまだやっていないからだ。

長期的に見れば、その影響は必ず出てくる。それとは逆に、一つか、二つしか仕事を片づけていないのに、すごく充実した一日だったと感じたことはないだろうか。それは急いでやらなければいけないことではなく、「本当に大切なこと」に神経を集中していたからなのだ。

緊急性が私たちの生活に与える影響は大きい。たとえば電話が鳴ると、何か重要なことをしていても、電話を取らなければならない。しかし、多くの人にとって、かかってくる電話は他愛のないものがほとんどだが、電話に出ないことで逃したチャンスも、たかが知れている。

それに対して、将来きっと役に立つ本を買って、読まずに放っておいたらどうだろう。メールを読んだり、車にガソリンを入れたり、テレビでニュースを見るのに忙しくて、どうしても「時間をひねり出せない」んだと、あなたは言うだろう。時間を使いこなすには、毎日のスケジュールを調整して、**急ぎのことよりも重要なことに多くの時間を割くべきだ。**

そして、**時間を圧縮する最も有効な手段は、他の人の経験から学ぶこと**である。

世の中のことを学び、マスターするための基本戦略が〝トライ・アンド・エラー〟である限り、時間の達人になることはできない。すでに成功を収めている人を手本にすれば、何年分もの苦労を省けるというものだ。だから私は貪欲に本を読み、セミナーに熱心に通うのだ。そこで得た経験は必要不可欠なものであり、決してただのお飾りではない。多くの知恵と何十年分もの経験と、それによる成功を自分のものにしてきた。

あなたも他の人の経験からできるだけ学び、それを活用しよう。

「正しく使いさえすれば、時間は十分にある」

——ヨハン・ヴォルフガング・フォン・ゲーテ（ドイツの詩人・作家）

本日の課題

①今日一日、時間感覚の焦点を意識的に移動させたらどうなるか、試してみる。プレッシャーを感じたら、未来のことを考えて、力をもらうこと。

たとえば、あなたを追い立てている目標や目的について考え、完全に一体化する。イメージを思い浮かべ、耳を澄まし、実際にその目標を達成した時の気持ちになってみる。今度はファーストキス、子どもの誕生、友だちと過ごしたひとときなど、大切な思い出のまっただ中に自分を置く。

精神状態を一瞬で変えるために、こうした「焦点の移動」を活用できるよう、十分練習する。

②通常なら「時間がかかる」と思われることに他の要素を加え、時間が早く過ぎるように感じる工夫をこらす。また、一度に二つのことをできるようにする。

たとえば、ランニングをする時は、イヤホンをして、好きな音楽を聴く。私はトレーニングマシンに乗って、ニュースを見ながら電話をかける。つまり「毎日の運動」や「重要なこと」に着手しない言い訳は絶対にしない、ということだ。電話をしながらでもエクササイズはできる。

③「やるべきこと」リストをつくって、「緊急性」ではなく、「重要性」に応じて優先順位を決める。膨大な数の用事を並べて、今日も全然片づかなかったとガックリするより、「どうしてもやるべき大切なこと」だけに集中しよう。これができれば、今まで経験したことのないような満足感と達成感を得られるに違いない。

7日目 よく休み、よく遊べ！

目標：バランスを取る。

ここまで熱心に勉強し、熱心に遊んできた。一日休みを取って、大いに楽しもう！ 自発的に、常識にとらわれず、普段やらないようなことをやってみること。あなたを一番ドキドキさせるのは何か。

本日の課題

①何か楽しいプランを立てて、それに専念する。思いつきで何かするのもいい。何はともあれ、楽しむことだ！

明日は、また新たな探検が始まる。

9章

自分が変われば「世界」も変わる

――人生にブレイクスルーを起こす「究極のチャレンジ」

Awaken the Giant Within

「無力感」に人生を乗っ取られるな

社会問題や国際的事件に直面すると、自分がいかに無力で、役に立たない人間かを痛感することが多い。

たとえば、暴力犯罪、膨大な財政赤字、金融機関の破綻、貧困者の増大、地球温暖化、絶滅していく動植物――問題は山積みだ。こうした自分の手には負えない問題を前にすると、自分に変化を起こそうという意欲も萎《な》え、「やるだけ無駄」という無力感に襲われる。

こうした無力感ほど、人から行動力を奪うものはなく、自分の人生を変えるにせよ、他人を助けるために行動を起こすにせよ、それを阻む最大の障害になる。本書をここまで読み進んできた読者なら、私の伝えたいメッセージが、もうおわかりだろう。あなたには自分の思考、感情、行動をコントロールする力がある。本書を読み、実際に練習を行なうことによって得た戦略、そして自分らしさによって、**「自分の運命を決めるのは自分しかいない」**という確信が、目覚めたことだろう。

運命を形成する巨大な力は「決断」だ。何に注目するか、それにどのような意味づけをし、どんな行動を取るかといった「決断」が、現在とこれからの「人生の質」を左右する。

これは、コミュニティや国家においても全く同じだ。私たちの子どもたち、そのまた子どもの世代の「人生の質」は、目の前の問題（薬物乱用、貿易不均衡、教育問題など）に私たちがどう対応するか、どんな決断を下すかで全く違ったものになる。

〝目先の苦労〟を避けて問題を「先送り」していないか

うまくいかない現実に固執していると、「結果」にばかり目を奪われ、「原因」を見逃してしまう。一人ひとりが下す日々の小さな決断が、社会全体の運命を形成していくという事実に気づくことができない。

何かを決断すれば、必ず結果がついてくることを忘れてはならない。自分では何も考えず、なりゆきまかせにして、何となく物事を決めていると、結果がどうなるかなど考えもしないまま行動を起こすことになり、一番厄介な問題をかえって長引かせてしまうことになる。目先の苦労を避けるために問題を先送りにし、結局事態を悪化させてしまうのだ。

毎日の〝小さな決断と行動〟ですべてが決まる

困難な問題の解決には、超人的な行動が必要だという考えほど、事実とかけ離れた考えはない。人生は積み重ねだ。人生で経験するあらゆる結果は、個人、家族、コミュニティ、社会、そして人類として下した小さな決断が、いくつも積み重なって生まれたものだ。

人生の成功や失敗は、大地を揺さぶるような大変動や大英断の結果のように見えることもあるが、決してそうではない。それどころか、**成功も失敗も、あなたの毎日の小さな決断と行動の結果**なのである。

同様に、私たち一人ひとりの毎日の責任ある決断や行動が、社会的弱者の救済や自然環境の保護などの問題を解決へと導くだろう。あなた自身の運命はもちろん、この世界の運命を大きく変えていくには、絶え間なく、終わることのない改善を目指して突き進むしかない。それが継続的な変化を起こす唯一の方法である。

「力強い炎も、小さな火花から始まる」

――ダンテ（イタリア文学最大の詩人）

「行動」だけが世界を変える

今日、国家、そして世界が直面するあらゆる問題に共通するものは何だろう。それは、どれも「人間の行動」が原因で起こったということだ。つまり、今、私たちが直面する問題の解決策とは、「人間の行動を変えること」である。そのためには、私たちの「評価」と「決断」の方法を変える必要があり、それが本書の目的でもある。

繰り返すが、すべての問題は、人間が選択した「行動」の結果として生まれたのだ。

誰もが〝ヒーローの素質〟を持っている

ここで救いなのは、あらゆる問題の根っこは、「人間の行動（と、その前段階である意思決定のプロセス）」にあるということだ。つまり、**その問題を解決するには、行動を変えればいい**

いということだ。

あなたは、「自分一人の力で本当に世界を変えられるのか」と思うだろう。しかし、あなたに不可能なことなどない！　あなたの持つパワーを制限するのは、本人の想像力と思い込みだけだ。

「世界の歴史」とは、よりよい世界をつくるために人並み外れた努力をした、ひと握りの〝ごく普通の人たち〟が取った行動を並べた年表に過ぎない。彼らはまず「変えるべきことは何か」を判断し、その変化をもたらすのは自分であり、「絶対変えてみせる」と決意した。そして勇気を奮い起こして、最後までやり通した。彼らこそ〝ヒーロー〟と呼ぶにふさわしい。


どんな人にも、ヒーローになるための素質が備わっている。

短期的に見れば、自分を犠牲にしているだけのように見えたとしても、多くの人のために、大胆かつ高潔な行動を取ることができる。正しい行ないをし、恐れることなく真実を語り、世の中を変えていく力があなたにはある。

問題なのは、その時が来たら、自分がヒーローであることを思い出し、私心なく行動できるかどうかである。

面倒や厄介ごとの気配を感じると、避けて通ろうとする人が多いが、困難を克服することが、人格形成には欠かせない。大きな困難や命の危険に直面し、それを乗り越えるしか選択肢がない立場に追い込まれて初めて、自分にヒーローの素質があることに気づく人が多い。

次に困難な局面に立たされたら、その時はささやかな抵抗に思われたとしても、とにかく状況を変えるために行動を起こそう。どんな結果をもたらせるかは、誰にもわからない。自分はヒーローだと信じて、ヒーローらしく行動しよう。

自分の〝使命〟とは何か——マザー・テレサの場合

マザー・テレサのような人を見ると、生まれつきのヒーローなのだと思う人がよくいる。放っておいても、精神性が高く、常に貧しい人々に献身的に尽くすような人なのだと。

たしかに彼女は勇敢で、哀れみ深い女性だったが、「この世における自らの〝使命〟に目覚める決定的瞬間を経験した」というのも事実である。

マザー・テレサは、最初から「貧しい人々を助けたい」と思っていたわけではない。実際には、二十年以上にわたって、インドの大都市カルカッタの富裕層の子女教育に携わっていた。富裕層が暮らす地区で働いていて、そこを取り巻く貧しいスラム街の状況にはほとんど関心がなく、小さな自分の縄張りの外に足を踏み出すことはなかった。

ある晩、マザー・テレサが通りを歩いていると、助けを求める女性の叫び声が聞こえた。この瀕死《ひんし》の女性が腕の中に倒れ込んできた瞬間が、マザー・テレサの人生を根本から覆す転機となった。

マザー・テレサは急いで、この瀕死の女性を近くの病院に運んだが、座って順番を待つように言われた。すぐに治療しないと死ぬことがわかっていたので、別の病院に運んだが、そこでも座って順番を待つようにと言われただけだった。低いカーストに属していた女性の治療は後回しにされたのだ。

この状況に絶望したマザー・テレサは、最終的にこの女性を自宅に連れて帰った。その晩遅く、彼女はマザー・テレサの腕に抱かれ、安らかに死を迎えた。

これが、**マザー・テレサが自分の使命を悟った瞬間**だった。

その時彼女は、こんな悲劇を二度と繰り返させないために、できる限りのことをすると誓った。自分の周囲で苦しんでいる人々の痛みを和らげ、すべての人が尊厳を持って生き、あるいは死ぬことができるよう、自分の生涯を捧げる決心をしたのだ。どんな人でも、死ぬ時は、愛と尊敬にあふれた最良の待遇を受けられるように、マザー・テレサは全力を尽くした。

私が考える「ヒーローの定義」

最近は、ヒーローの果たすべき責任は重すぎると、ヒーローになるのを嫌がる人が多い。それに、ヒーローになろうなんて傲慢ではないか。ヒロイズムなんて胡散臭《うさん》い。そもそも完璧な人間などいるわけがない――。

現代社会は、単にヒーローの素質を持った人を認めないだけでなく、ほとんど病的な熱意を持って、ヒーローの私生活を細かく調べ上げ、欠点をほじくり出す。もし見つからなければ、でっち上げる。

現代の重箱の隅をつつくような基準を過去のヒーローにも適用していたら、ヒーローなど一人もいなくなってしまうだろう。現代のタブロイド紙的メンタリティが相手では、ケネディ家やキング牧師でさえ、ヒーローと認められるかどうか、あやしいものだ。

ちなみに、私のヒーローの定義はこうだ。

ヒーローとは、どんなに厳しい状況でも、勇気を持って社会に貢献する人である。

ヒーローとは、自己の利益を省みず、他人の期待以上に自らの力を発揮しようとする人である。

ヒーローとは、恐怖に負けず、自分が正しいと思うことを実行し、逆境に立ち向かう人である。

ヒーローとは、現状維持でよしとする人の「常識」を打ち破る人である。

ヒーローとは、社会に貢献する人、進んで手本になる人、自分の信念に沿って生きている人である。

ヒーローとは、自分の望む結果が出るように戦略を立て、実現するまであきらめず、必要に応じて戦略を変え、小さなことを積み重ねていくことの大切さを知っている人である。

完璧な人間などいないのだから、ヒーローが完璧である必要はない。間違いは誰にでもあるが、そのせいでそれまでの貢献が帳消しになることはない。

「完璧であること」がヒーローの条件ではない。

重要なのは**「人間性」**である。

人はどんな「境遇」からも立ち上がれる

人の心の中にあるヒロイズムの火花は、今にも力強い炎となって燃え上がろうとしている。だとすれば、たとえば深刻の度を増すアメリカの路上生活者の問題にどう取り組めばいいのだろう?

現状を変えるための最初の鍵は、**より高い水準を目指すこと**だ。世界一裕福な国アメリカで、まるで「人間ゴミ」のように暮らす老若男女が路上にあふれている現状をよしとするのは、もうやめにすると決断しなければならない。

この問題を解決する二つ目の鍵は、自分の考え方を変えることだ。「そんな大きな問題を解決するために、自分ができることなどない」という考え方を捨てよう。過去の偉大な変革はすべて、「変革できる」と固く信じて行動した個人によって成し遂げられたことを思い出してほしい。

そもそも、なぜ路上生活を送ることになってしまうのだろう。収入減少と急激な家賃の上昇、麻薬中毒、アルコール中毒、伝統的な家族形態の崩壊などが理由として挙げられる。

至極もっともな理由ではあるが、その背後には必ず個人の思考体系がある。麻薬やアルコールの中毒になって、家を失っても、家賃を払うだけのお金がなくても、家族の絆に恵まれず、不安定な環境で育っても、必ずしも路上生活者になるとは限らない。

路上で暮らす人の多くは「自分は路上生活者」だと考えるが、中には「自分は一時的に住む家がないだけ」だと考える人もいる。そういう人は解決策を模索し、従来のライフスタイルを取り戻す術を見出すに違いない。

〝大空を舞う凧《たこ》〟のような青年を私はどう更生させたか

一九八四年以来、私は、サウスブロンクス、ブルックリン、ハワイ、サンディエゴの路上生活者の救済組織と協力して、彼らの意識変革を進めてきた。彼らが「自分は社会に貢献できる人間だ」という考え方ができるよう手助けをしている。

そこで、T・Jという名の青年との素晴らしい出会いがあった。路上生活を送っていたT・Jを私のセミナー参加者とのディナーに招待し、それまでの体験について話してほしいと頼んだのだ。それまで十年以上、路上で暮らしていた当時のT・Jは薬物中毒になっており、この時も「大空を舞う凧」のようなハイな状態だった。わずか一時間話しただけだったが、私たちはT・Jの思考体系に大きな変化をもたらし、新たなアイデンティティを確立する戦略まで立てることができた。

二年経った現在、T・Jは麻薬中毒を克服し、路上生活から抜け出しただけでなく、積極的に社会に貢献する消防士としてテキサス州で暮らしている。しかも、二年前の自分と同じ境遇にある人々を助けるためのプログラムにも参加して頑張っている。

実は、彼らの抱えている問題は、ごく普通の人々が抱えている問題とほとんど変わらない。つまり、価値観やアイデンティティによって行動を制限されているのだ。

路上で暮らす人々にとって、「自由」こそが最も重要な価値観なので、路上で暮らす不便さはあっても、彼らは決して不幸ではない。社会のルールに従う必要がないので、堅苦しさからくるプレッシャーを感じることもない。しかも、路上生活者の間で友だちの輪を築き上げ、自らの才覚だけで生き延びている自分たちは「強い」人間だという思い込みがあり、路上生活のおかげで人間としての品格が高まっているとすら考えている。

友情と思いやりの気持ちがあれば、私たちでも、路上生活という過酷な現実と、社会復帰を助けるために果たすべき責任という課題との間の架け橋になれる。

忘れてはいけない。小さな努力の積み重ねが、大きな変化を生むこともあるのだ。

〝ムショ暮らし〟から足を洗わせる方法

アメリカでは、出所者の再犯率は八二％にものぼる。一九八六年に全米の刑務所の服役者のうち、六〇％は二回以上、四五％は三回以上、二〇％は六回以上も投獄されている。

彼らは刑務所生活を嫌っているものの、いつの間にか刑務所の安心・安全な暮らしをすっかり当てにするようになっている。

私が話を聞いた元受刑者は、「釈放されるやいなや、どうやって刑務所に戻ろうかと考えた。娑婆《しやば》に知り合いもいないし、刑務所じゃあ、いっぱしの顔だったしな。オレのためなら人殺しも厭《いと》わないような連中もいた。娑婆じゃ、オレはただの前科者だ」と、真情を吐露してくれた。

刑務所を出れば知る人もなく、自分が住む環境をコントロールできるわけがないと思っている元受刑者は、意識する、しないにかかわらず、何としてでも「我が家」である刑務所に戻ろうとするのだ。

この悪循環を断ち切ることはできるのか。もちろんできる。ムショ暮らしはつらいが、外での普通の暮らしは楽しいと認識できれば、それは可能だ。もし効率的に訓練し、価値観を変えることができれば、驚くべき結果が待っている。

私は最近、殺人未遂の罪で八年間服役し、ようやく出所した男性にインタビューした。「また誰かを撃つつもりか」という私の問いに、彼はニヤッと笑って、「オレのドラッグを盗むヤツがいたら、その場でズドンだ」と答えた。「刑務所に戻るのはイヤだとは思わないのか」と続けて聞くと、「いいや。刑務所もそんなに悪くないぜ。食事の心配はいらないし、テレビも見られるしな。他の連中の扱いも心得たもんだから、無駄な心配をする必要もない」という答えが返ってきた。この男の中には、刑務所暮らしはつらいという概念がないのだ。

何が稀代の詐欺師を〝更生〟させたのか

これと対照的なのが、映画『キャッチ・ミー・イフ・ユー・キャン』の原作者として知られるフランク・アバグネイルだ。彼は世界中を旅して回り、ある時はパンナム航空のパイロット、ある時は病院経営者、ルイジアナ州司法長官補佐官などを装い、何百万ドルもの大金を騙し取った人物だ。そのアバグネイルは現在、銀行のセキュリティ・システムの第一線のエキスパートとして活躍し、社会に貢献している。

彼が人生をやり直すことができたのは、「苦痛」のおかげだった。フランスで逮捕、投獄された彼は、大きな苦痛を味わった。服役中は外界との接触は一切断たれ、真っ暗な独房で過ごしたのだ。テレビもラジオも新聞もなく、他の受刑者も看守もいない。それに、いつまでそこにいなければならないのか、誰も教えてくれなかった。

先のことがわからないという苦痛——不確実性の苦痛——が何よりもつらい罰であり、「この世の地獄」を味わったアバグネイルは「二度と刑務所には入らない」と自分に固く誓った。そう思ったのは彼一人ではない。フランスでは出所者の再犯率はわずか一％だ。

刑務所暮らしはイヤなもの——居心地の悪いもの——でなければならない。出所して、自分自身で生活をコントロールし、楽しく、多くの可能性に満ちた暮らしを送るための方法を、服役中から受刑者に教えなければならない。そして、受刑者の将来を真剣に心配し、新たな人生の方向を見つけるのを手助けしてくれる人がいるという事実を、彼らに知らせることだ。

私は、カリフォルニア州チノ刑務所をボランティアとして訪れるうちに知り合った受刑者との友情が忘れられない。私の手助けと励ましで、彼は一日五キロのジョギングを始め、心を揺さぶる本を読むようになった。二年後に彼が出所した時は、二人の間に絆が生まれ、私は大きな達成感を得ることができた。

「エゴ」を優先させるか、「未来」を優先させるか

環境保護は、もはや世界の最重要課題である。地球温暖化は、まさに焦眉《しょうび》の急だ。オゾン層にたまり続ける二酸化炭素による温室効果によって地球の気温は上昇し続けているが、二酸化炭素の発生源の一つとして、エアコンやスプレーに使われるフロンガスがある。もう一つの重大な原因は、中南米の熱帯雨林の無規制・無計画な伐採だ。熱帯雨林は地球全体の植物の八割を占め、地球の生態系には欠かせないものだ。

言うまでもなく、樹木は人間が大気中に放出する大量の二酸化炭素を吸収し、呼吸に欠かせない酸素に変えてくれる。樹木なくして、地球上の生命体は存在することはできない。

つまり、熱帯雨林を燃やすことは、大量の二酸化炭素を放出させて、地球温暖化にさらに拍車をかけ、世界一の多様性を誇る動物や昆虫が棲息する環境を破壊することでもある。

こんなに大切な熱帯雨林が、なぜ容赦なく伐採されていくのか。答えは、簡単だ。熱帯雨林

を切り開いて開墾する牧場主には、政府から巨額の税金控除という快感が与えられるからだ。伐採目的は宅地造成などではなく、アメリカ向けに牛肉を輸出するための肉牛を育てる放牧地を確保するためだ。アメリカは国内の牛肉消費量の約一〇%を、中南米諸国から輸入している。

つまり、熱帯雨林の伐採は、より多くの牛肉を市場に出すことだけが目的なのだ。

そして肉食がアメリカ人の主な死亡理由である心臓疾患、がんと密接に関わりがあることは、医学的に証明された事実である。アメリカ人の二人に一人は、何らかの心臓疾患が原因で死んでいるというのは、驚くべき統計結果だ。標準的なアメリカ式の食事を続けるより、ロシアンルーレットのほうが、まだましだ!

その〝ささやかな一歩〟は決して無駄ではない

熱帯雨林の破壊を食い止め、生態系の微妙なバランスを回復させるためには、グリーンピースのような環境保護団体に寄付するだけではなく、一人ひとりが牛肉消費量を減らすこと。「夕飯に何を食べるか」を決めるのは、ささやかな決断かもしれないが、大気中に放出される二酸化炭素量や、毎日絶滅していく動植物の数に及ぼす影響は決して否定できない。

ここで、「何を食べるか」という個人的判断が、あなたの住んでいる地域にどのような影響を与えるか考えてみよう。

私は水不足に悩む州に住んでいる。実際、将来的に水不足が深刻になり、水は金と同様の価値を持つようになるという予測もある。表面をほとんど水で覆われている地球で、なぜ水不足が起こるのだろう。それは、人間が大切な水資源をうまく管理できていないからなのだ。

中でも食肉業界を例に取ると、**たった一頭の肉牛を育てるために、戦艦一艘《そう》を浮かべられるほどの水を使っている。**旱魃《かんばつ》に悩まされるカリフォルニア州では、芝生の水撒《ま》きを控え、トイレやシャワーでは節水コマを使用するといった努力が続けられている。

しかし、牛肉を食べる量を一ポンド（約四五四グラム）減らせば、一年間シャワーを浴びるのをやめて節約できる量より、もっと多くの水を節約できるのだ。

それだけではない。アメリカ国内で、牛肉産業ほど多くのエネルギーを消費している業界は他にないという事実を知っているだろうか。アメリカのすべての消費エネルギーの三分の一が畜産業界で使われているのだ。**牛肉一ポンドを生産するためには、それと同量のタンパク質を含む大豆を生産する際の、およそ三十九倍の化石燃料が必要**になる。

原子力発電所の安全性に不安を感じているなら、食肉消費量を半分に減らすだけで、アメリカ国内の原子力発電所はすべて不要となり、海外から輸入される原油への依存度も大幅に下げることができるだろう。

世界の飢餓も深刻な問題だ。年間六千万人が餓死している現状では、資源の有効活用法を根本から見直す必要があるのは明らかだ。もう一度繰り返すが、すべての決断には結果がついてくる。長期的な地球への影響を理解した上でなければ、適切な判断を下すことはできない。

肥沃な農地一エーカーから収穫できる食料の量を、牛肉の生産に置き換えてみよう。牛肉二五〇ポンド（約一一三キロ）を生産するための土地があれば、四万ポンド（約一万八一四四キロ）のジャガイモを収穫できる。**大雑把に言えば、人一人分の牛肉か、百六十人分のジャガイモかということになる。**

牛肉一ポンドを生産できる土地からは一六ポンド（七・二六キロ）の穀物を収穫できる。肉食者一人が一年間に食べる食糧を生産するには三・二五エーカー（約一・三ヘクタール）が必要なのに対し、乳卵菜食主義者は〇・五エーカー（〇・二ヘクタール）、完全菜食主義者はわずか〇・一七エーカー（〇・〇七ヘクタール）の土地があればいい。言い換えれば、菜食主義に切り替えれば、現在の二十倍の人口を養うことができるのだ。

毎日飢餓に直面している子どもは四万人いると言われるが、土地をもっと有効に活用すれば、全世界の人々に食料を供給できることは明らかなのだ。

あなたには、こんな「武器」がある

今晩の夕食に何を食べるかという決断が、深いレベルで連鎖的な影響をもたらす。**食品につけられた小さな値札の陰には、未来の環境問題が隠されている。**台所やレストランであなたが下す決断にこそ、真の力が隠されているのだ。

消費者が態度を明確にすれば、資源の濫用に歯止めがかかるだけでなく、企業にも警告を発することができる。たとえば、マクドナルドなどは、消費者の嗜好の変化に合わせて、サラダバーなどハンバーガー以外のメニューを提供するようになっている。また、マクドナルドが発泡スチロール容器の使用を停止した結果、環境保護に向けて大きく一歩前進したと評価されている。消費者として、自分が理想とする目標を常に意識して、本書から学んだ前向きな変化を起こす方法を活用してほしい。

自分が求めているものは何かを自覚し、あなたの購買力を武器に、破壊の連鎖を食い止め、企業が別の道を模索するように仕向けること。そして、新しい商品やサービスを愛用することで企業の活動をより好ましいものに変えていくことができる。

自分の「背中」で子どもを教育する

環境問題に限らず、変化を起こすためには「教育」と「行動」が必要だ。残念ながら、多くの人は勉強は学校でするものと思っていて、卒業と同時に勉強しなくなってしまう。中には、卒業する前から勉強しない輩《やから》もいる。

しかし、本書を通じて、お手本になる素晴らしい人々の人生に触れることができたはずだ。今度は私たちが手本になる番だ。教育の質を上げるには、私たち一人ひとりが積極的に行動することだ。

子どもが健全な自尊心を持って成長していくようにするためには、一貫性のある決断や行動によって大きな違いが出るという「実例」を見せるのも一つの方法である。**親が手本になって、可能性を示すとよい。**今までに学んだすべての戦略を駆使して、子どもたちに自分の価値観と規律に従った生き方を見せてあげること。

あなたにできることは、いくらでもある。なにも壮大な計画を立てる必要はない。どんなに小さなことでも、また、一見、取るに足りない決断でも「一貫した行動」こそ、真のヒーローに不可欠なものだ。

たとえば、もし、あなたが心肺蘇生法の訓練を受けていれば、目の前で心臓発作を起こした人がいても、あわてる必要はない。人工呼吸と心臓マッサージを続け、その人の命が助かったとしたら、人生で最高の達成感と幸福感を味わえる。それはどんな褒め言葉よりも素晴らしく、どんな大金、成果にもまさる達成感と幸福感をもたらすはずだ。

ただ「微笑みかける」「相手の話を聞く」ことの効用

あなたがヒーローになれる機会はある。まずあなたの近くにいる人たちに注意をはらい、助けの手を差し伸べ、自信を与え、その人の能力を引き出してあげることもヒーローの役割である。たとえば、スーパーで買い物をしながら、すれ違う人たちに、にっこりと微笑みかけてみてはどうだろう。

見ず知らずの人に、その人の長所を褒める心のこもった言葉をかけてみよう。その瞬間、相手の気持ちに変化が起き、今度はその人が次の誰か（その人の子どもでもいい）に微笑みかけ、優しい言葉をかけるかもしれない。すると、思いやりと微笑みが次々とリレーされていく。「ちょっとした行動」が、様々な変化を引き起こした例はいくらでもある。なにも人の命を救うことだけが「意味のある行動」ではない。優しい言葉をかけられたことで生きる気力が湧いてくることもあるし、少なくとも「人生は楽しい」と思わせることができるだろう。

たとえば、帰宅途中に老人ホームに寄って、入居者に「あなたが今までの人生で学んだ、一番大切なことを教えてください」とお願いしたら、きっとみんな話したいことがたくさんあるに違いない！　近くの病院に寄って、入院患者を見舞って、楽しい午後のひとときを過ごすのもいい。ただ相手の話を聞いてあげるだけだが、あなたはヒーローになれるだろう。

なぜ、人助けのための小さな一歩をなかなか踏み出せないのか。よくある答えは、自分の行動が相手にどう受け取られるかわからないので、ためらってしまうというものだ。相手から拒絶されたり、この人は頭がおかしいんじゃないかと思われたりするのがイヤなのだ。

しかし、考えてみてほしい。ゲームをして、ゲームに勝つには、全力でプレーしなければならない。自分が馬鹿みたいに思えても気にすることはない。あまり効果がないかもしれないと思っても、とにかくやってみればいい――そしてもし、うまくいかなければ、やり方を変えればいいだけだ。そうでもしなければ、革新的なアイデアも生まれなければ、成長もできない。

ましてや、本当の自分を見つけ出すことなど、できはしない。

「与える人ほど、与えられる」のが人生の法則

日常的に「人のために何かをする」という経験は、その人のアイデンティティや運命に決定的な影響を与える。**人から本当の感謝の気持ちを示されたことのある人間は、その後の人生が一変する。**多くの若者がこうした経験をすることで、どんな影響が表われるか、想像してみてほしい。実際、今、世の中では社会貢献の意識がどんどん広がっている。心の奥底では、誰もが自らの信ずるところに従い、自分という枠にとらわれることなく、自分のエネルギーと時間と気持ちと資源を、「より大きな目的」のために生かしたいと願っている。

単に自分の心理的ニーズに応えるだけでなく、人から期待されることをし、期待される人間になるために、自分の倫理観にかなった行動を取ること。社会奉仕ほど大きな満足感をもたらすものはない。私利私欲を捨て、「与える」行為は、達成感の源である。

あなたの時間を使って、何らかのボランティア活動——地域の清掃活動でも、授業についていけない児童・生徒の個人指導でも、町内の自警団でも何でもよい——を行なえば、あなた自身のアイデンティティも変わり、ヒーローになることもできるだろう。

社会奉仕は「恩返し」のチャンス

私が設立した**アンソニー・ロビンズ財団**は、社会から忘れられた人々に手を差し伸べ、支援することを目的とする非営利財団だ。子ども、路上生活者、受刑者、高齢者の生活の質を向上させるために熱心に活動している。また、社会の重要な構成メンバーを育てるために、啓蒙活動や教育、トレーニングを提供している。私は、自分自身の経験に基づいてこの財団を設立した。

私が、**社会奉仕は義務ではなく、恩返しのチャンス**だと気づいたのは、もうずいぶん昔のことだ。十一歳の時、私の家は経済的に苦しく、感謝祭のごちそうを用意することができなかった。しかし、慈善団体が食材を玄関まで届けてくれた。

それ以来、私は路上生活者や飢餓に苦しむ人々の救済を「人生の使命」と考えるようになり、十八歳の時から毎年、感謝祭のごちそうを詰めたバスケットを、貧しい家庭に届けている。チノ刑務所支援団体に加入したのも、十八歳の時だった。

こうして社会奉仕の経験を積むうちに、真の変化をもたらす「慈善家」としてのアイデンティティを確立した。その結果、自尊心が高まり、より誠実な人間になれただけでなく、惜しみなく与え、多くの人に私の経験を伝え、やる気を引き出すことができた。

誠実かつ無私無欲の貢献の持つ力を知る者だけが、真の達成感という、人生で最も奥の深い喜びを経験できる。最上の喜びと充実感を味わえる。「信仰」と「献身」以外には何も持たなかったマザー・テレサが、多くの人の人生をよりよいものに変えることができたのなら、私たちが目の前に立ちはだかる障害を乗り越えられないことはない。

月に一、二時間のボランティア活動で、あなたのアイデンティティは向上し、「自分は他人を思いやり、改善を目指して行動できる人間だ」と確信できるはずだ。そして、あなたの会社には何の問題もないことも理解できるようになる。なぜなら、「本当の問題とは何か」を目の当たりにすることになるからだ。足の不自由な人をベッドまで運んだり、エイズに感染した赤ん坊をあやしたりすれば、株価の下落で気が動転することもなくなるだろう。

「ささやかな贈り物には偉大なる恩寵が宿り、友がもたらすものはすべて何ものにも代えがたい」

——テオクリトス（ギリシアの詩人）

「貢献」とは〝重荷〟ではなく〝チャンス〟である

本書の内容をマスターすれば、これまでできなかったことが、簡単にこなせるようになる。今まで自分のことだけに注いできたエネルギーを、あなたの家族、地域、そして世界をよりよくすることに注ぐように方向転換した自分に気づくだろう。それを実現するには、「無私の精神」で世の中のために尽くすことだ。

どこかにいるヒーローを見つけるのではなく、あなた自身がヒーローになるのだ。とはいえ、マザー・テレサになる必要はない（もちろん、なれるなら、なってもかまわない！）。

合い言葉は**「バランス」**だ。完璧を求めるのではなく、バランスの取れた人生を送ることだ。多くの人は、白黒のはっきりした考え方をする。命懸けでボランティア活動にのめり込むか、他人のことには無関心で、即物的で成果至上主義の生き方をするか、二つに一つしかないと考えがちだ。ここに落とし穴がある。

世の中は「与える者」と「受け取る者」のバランスで成り立っている。あなたの時間と資源とエネルギーの一部を恵まれない人たちのために注ぎつつ、同時に自分自身のためにも使うことを躊躇《ちゅうちょ》してはいけない。罪悪感を覚えることなく、楽しんでそうすることだ。世界中の問題をあなた一人で背負い込む必要はない。

何もあきらめる必要がないとわかれば、より多くの人が世の中のために貢献しようとするだろう。

「貢献」は重荷ではなくチャンスであり、喜びなのである。

人はそれぞれのタイミングで「学ぶべきこと」を学ぶ

この世の不正にばかり注目して、つらい思いをしながら生きている人に出会うことが多い。一生、虹を見られない盲目の子どもが生まれてくるのはなぜ？　何も悪いことをしていない人が、犯罪の犠牲者になるのはなぜ？

物事の目的と理由が、人間には理解できない場合もある。それは、**私たちの信念が試される時**でもある。

この世に生を享《う》けた者はみな、それぞれのタイミングで、それぞれの学ぶべきことを学ぶのだ。

ある経験をどうとらえるかは、見る人の感じ方次第である。以前は最悪だと思っていた経験が、実は最高の経験だったという場合もある。
経験が人をつくる。人は経験によって鍛えられ、人に対して思いやりを持てるようになり、自分の最終的な運命に向かって歩みを進められる。
「学ぶための準備が整うと、どこからともなく師匠が姿を現わす」ということわざがある。一方で、あなた自身が師匠の立場にあると思っていても、もしかしたら、一生懸命に教えている相手から学ぶべきことがあるかもしれない。

「生まれた瞬間に、私たちは死に始めていることを教えてほしかった。そうすれば、毎日の一秒一秒を最大限に生きることができるだろう。行動しろ！　そう私は言いたい。やりたいことがあるなら、今やろう。明日の数は限られている」

——マイケル・ランドン（アメリカの俳優）

〝錆《さ》びつく人生〟より「燃え尽きる人生」を！

生きているうちに、人生を最大限に生きよう。

何でも経験しよう。自分と友だちを大切にしよう。楽しんで、羽目をはずして、おかしなこともやってみよう。かまわないから、どんどん失敗しよう！　どうせいつかは失敗するのだから、そのプロセスを楽しもう！

失敗から学ぶべきことは多い。失敗の原因を見つけ、それを取り除こう。完璧を目指す必要はない。

常に自分を向上させよう。一生学び続けよう。

今こそ、人生というゲームの勝者になるための、あなた自身のマスターシステムをつくり上げる時だ。

あなたの人間性（自分自身と他人に対する思いやり）を人生の指針としながらも、人生に対して深刻になり過ぎてはいけない。

自由闊達に、無邪気に、時には馬鹿になるのも悪くない。

八十六歳になるナディーン・ステアの詩が、この考え方をよく示している。

人生をもう一度やり直せるとしたら、もっとたくさん失敗しよう。もっとリラックスして、頭も身体も柔軟にしよう。この人生より、もっと馬鹿なことをして、あまり深刻にならないでおこう。

もっと危ないこともやってみよう。もっと旅をして、もっとたくさんの山に登り、もっとたくさんの川で泳ごう。もっとアイスクリームを食べ、豆はあまり食べないようにしよう。

現実的な問題はもっと増えるかもしれないが、想像上の問題は減るはずだ。おわかりでしょう。私はいつでも分別のある人間なのだから。

時には輝いた瞬間もある。もし、もう一度やり直せるなら、もっと輝いてみたい。本当のことを言うと、輝かしい瞬間以外は何もいらない。何年も先のことを考えて生きるのではなく、次から次へと輝かしい瞬間だけを生きよう。

私は出かける時は、いつも体温計と湯たんぽとレインコートとパラシュートを持っていくような人間だ。もう一度やり直すとしたら、今度はもっと旅の荷物は減らそう。

もし、もう一度人生をやり直せるとしたら、春にはもっと早くから素足になり、秋はもっと寒くなるまで素足のままでいよう。もっとたくさんダンスをしに行こう。もっとたくさんメリーゴーラウンドに乗ろう。もっとたくさんのヒナギクを摘もう。

――ナディーン・ステア

自分のことを、どんな人間として思い出してほしいか。偉人として人々の記憶に残りたいなら、今この瞬間から偉人らしく振る舞うべきだ！　記憶に残る偉業を達成するまで待つことはない。

一日一日を人生で最も大切な日だと思って生きよう。そうすれば、全く新しいレベルの喜びを経験できるだろう。

長生きするためにエネルギーを節約しようとする人もいる。あなたはどうか知らないが、大切なのは長生きすることではなく、**「どのように生きたか」**ということだ。

だんだんに錆びついていくよりも、燃え尽きるほうがいい。人生の最期は、初めての山に登っている途中で迎えたいものだ。

前向きな「期待感」だけを〝旅の道連れ〟に！

創造主が人間に与えた最高の贈り物は、将来に対する期待と不安だと思う。結末がすべて前もってわかっていたら、人生はなんと退屈なことだろう。人生では、次に何が起こるかわからない。次の瞬間には、人生の進む方向や質が一八〇度変わってしまうかもしれない。確実に起こるのは変化だけなのだから、それを喜んで迎えられるようになること。

友だちとの会話、セミナー、映画、直面している問題など、「人生を変えるもの」は、実にいろいろだ。そして、この本を読み終えて、熟考した末に下した「決断」が、あなたの人生を一変させてしまうかもしれない。

これこそが、あなたが探し求めていた**覚醒の瞬間**なのだ。

いつも前向きに、期待感を持って生きよう。あなたの人生に起こることは、すべてあなたの役に立つ。

あなたは終わりのない成長と学びの道を進んでいる。

そして、いつでも永遠の愛によって導かれている。

最後に、本書を読み終えたあなたに感謝し、敬意を表したい。実際に会ったことはないが、お互いの心が通い合ったことは確かだ。私の人生談と人生スキルを学ぶことを決意してくれて、本当にありがとう！　本書で学んだことを活用し、あなたの人生の質がいくらかでも向上してくれれば、私は本当に幸せ者だ。

これからも連絡を取り合っていきたい。手紙を書いてもらえれば、私のセミナーや財団が主催するパーティーで直接会うこともできる。どこかで偶然に出会うことがあれば、ぜひ声をかけてほしい。あなたの人生の「成功談」を聞かせてもらえる日を楽しみにしている。

その時まで、奇跡が起こることを期待しよう。なぜなら、あなたこそが奇跡そのものなのだから。この世に光をもたらし、人のために力を尽くしてほしい。

今こそあなたに松明《たいまつ》を引き継ごう。あなたの才能と情熱を多くの人と分かち合ってほしい。

そして、あなたに神のお恵みがありますように！

訳者あとがき

●あなたは、この本のどこにアンダーラインを引いたか——

あとは〈行動〉と〈実践〉あるのみです

読み終えてみて、いかがでしたか。

あなたは、どこにアンダーラインを引き、どのページの端を折り返したでしょうか。きっと、そこに、あなたがもっと情熱的に生きるためのヒントが隠されています。

本書は、アンソニー・ロビンズの代表作、*AWAKEN THE GIANT WITHIN* の後半部分（パート2～4）を中心に翻訳したものです。原書は、翻訳書として一冊にまとめると七百ページ近いボリュームになるため、パート1を訳した『アンソニー・ロビンズの運命を動かす』と本書の二分冊にして刊行する運びとなりました。

本書で、**待望の全訳の完成**、ということになります。

本書だけを読んでも素晴らしいですが、『運命を動かす』と併せて読まれたら、より大きく、人生を変えていけると思います。

私自身がそうであったように、この本がきっかけとなって、あなたの中の「まだ知らない自分」を呼び覚ましてもらえたら、訳者としてこれ以上、うれしいことはありません。

なお、本書の訳出にあたっては、山田仁子さんにお世話になりました。記して感謝いたします。

本田 健

アンソニー・ロビンズの自分《じぶん》を磨《みが》く

著　者――アンソニー・ロビンズ
訳・解説者――本田　健（ほんだ・けん）
発行者――押鐘太陽
発行所――株式会社三笠書房

〒102-0072 東京都千代田区飯田橋3-3-1
電話：(03)5226-5734（営業部）
　　：(03)5226-5731（編集部）
http://www.mikasashobo.co.jp

印　刷――誠宏印刷
製　本――若林製本工場

編集責任者　長澤義文
ISBN978-4-8379-5752-2 C0030